幼儿园科学区(室):
科学探索活动指导117例

董旭花 ◎ 主编

图书在版编目（CIP）数据

幼儿园科学区（室）：科学探索活动指导117例／董旭花主编．—北京：中国轻工业出版社，2011.2
（2022.6重印）
ISBN 978-7-5019-7937-0

Ⅰ.①幼… Ⅱ.①董… Ⅲ.①幼儿园-环境设计 ②科学技术-活动课程-教学研究-学前教育 Ⅳ.①G617②G613.3

中国版本图书馆CIP数据核字（2010）第226638号

总 策 划：石　铁
策划编辑：高　君　　　　　　责任终审：杜文勇
责任编辑：吴　红　高　君　　责任监印：刘志颖

出版发行：中国轻工业出版社（北京东长安街6号，邮编：100740）
印　　刷：三河市鑫金马印装有限公司
经　　销：各地新华书店
版　　次：2022年6月第1版第12次印刷
开　　本：710×1000　1/16　印张：14.50
字　　数：78千字
印　　数：26001—28000
书　　号：ISBN 978-7-5019-7937-0　　定价：28.00元
读者热线：010-65181109，65262933
发行电话：010-85119832　传真：010-85113293
网　　址：http://www.chlip.com.cn　http://www.wqedu.com
电子信箱：1012305542@qq.com
如发现图书残缺请与我社联系调换
101274J5X101ZBW

本 书 编 者

主编：董旭花

编者：李　芳　谭文英　李冬梅
　　　李　静　郭新荣　秦晓琳

推 荐 序

近年来，在科学教育领域，人们已经达成这样的基本共识：探究是科学研究工作的基本方法，也应成为儿童科学学习的主要方式。让儿童以像科学家那样的工作方式学习科学是现代科学教育的一个重要趋势。人们想让儿童在像科学家那样的工作方式中，体会科学的本质，领悟科学的真谛，了解科学家的品质与精神。为此，我国一些幼儿教育理论与实践工作者也在幼儿园阶段进行了许多研究和探索，《幼儿园科学区（室）：科学探索活动指导117例》（以下简称《科学探索活动指导117例》）就是其中的一例。

幼儿有着与生俱来的探究热情，他们好奇、好问，生气勃勃、充满活力地探索周围世界，个个都是天生的科学家，他们在游戏中探索，他们在生活中发现。因此，幼儿园的科学活动形式应该是多样的。充满自主选择机会、具有自由发现可能、富有游戏性质的科学活动区和科学发现室，是幼儿科学探究的主要场所，在这里发生的科学活动是幼儿主要的科学活动。《科学探索活动指导117例》将为丰富幼儿的区域性科学探究活动提供有益的借鉴和参考。

追寻《科学探索活动指导117例》的产生过程我们会发现，它是在现代科学教育观的指导下，理论与实践工作者共同研究、合作探索的成果。我们也能够感受到作者研究幼儿园科学教育的执著、热情与认真。

作为教师，我们需要牢记和提醒自己的是：幼儿科学探究的最终目的主要不是积累更多的科学知识，而是支持、激发和保持幼儿的好奇心和探究兴趣。科学活动区和科学发现室的活动不是提供现成的玩具和物品，而是要为幼儿提供具有适宜结构的材料让幼儿自主探究和发现，教师应该是一位隐性的指导者和帮助者，更好地满足幼儿的好奇心和探究需求，使他们体验到游戏的快乐与自由发现的满足。

愿同行们通过分享与使用《科学探索活动指导117例》，能够开启更广泛的思路和更富有创造性的智慧，为幼儿提供更多更适宜的科学活动区和科学发现室的探究材料与活动，让幼儿在这里的探究经历能够成为其后继学习乃至一生中热爱科学的基础。

刘占兰
2010年11月

（刘占兰：中央教育科学研究所学前教育研究室主任）

前　言

　　几乎在每个幼儿园，无论是园长还是教师都很注重环境创设，伴随《幼儿园教育指导纲要（试行）》理念的不断渗透，大家对幼儿的自主性探究和活动中的主体性地位也越来越重视，但我们还是发现教师们在科学区和科学发现室的创建中存在很多问题：有一些教师很想为幼儿创建一个良好的科学探究环境，但苦于缺乏实践指导和资源支持，所以不知该从何处下手，于是干脆不在班级中设立科学区、不在幼儿园设立科学发现室，孩子们在幼儿园的自主性的科学探究活动也因此极为少见；还有一些教师缺乏对幼儿科学探究活动的正确认识，即使有科学区和科学发现室，也不安排幼儿参与活动，使其几乎成为摆设，导致资源的极大浪费；还有一些教师在科学区和科学发现室投放的材料、组织的活动引不起幼儿的探索兴趣，使其失去了存在的真正价值。

　　2010年1月山东省教育厅组织省内专家讨论修订《山东省幼儿园基本办园条件标准（试行）》，其中也包括《科学发现室的配备标准》，讨论过程中我们越发感受到大家对科学发现室和科学区创建指导的需要。《标准（试行）》出来之后，在山东省教育厅基础教育处的王春英处长、山东省教科所的刘延梅研究员和山东省学前教育网丁鹏主任的鼓励之下，我们又开始着手为老师们写指导手册，希望老师们在创建科学区、科学发现室的时候不仅仅有一个标准可以参照，也可以有一个更具体的指导，以便引领幼儿开展丰富多彩的科学探索活动。

　　这本书分为前后两个单元，第一单元主要针对幼儿教师遇到的科学教育环境创设方面的问题，谈幼儿园科学区、自然角和科学发现室的创建；第二单元主要针对各年龄段幼儿的发展特点和兴趣，谈幼儿科学探索活动的指导。这一单元提供的117个幼儿科学探索活动案例，简单、有趣、富有操作性和可变性，需要的材料在日常生活中很容易被找到。为方便教师们更好地理解，本书还配备了大量的图片。考虑到全国各地幼儿园的软硬件条件不同、教师们面临的问题不同，我们在第二单元的幼儿科学探索活动中，又增加了"教师指导建议"、"拓展与替代"和"科学小知识"等内容，这样教师们既可以参照本书的内容开展活动，也可以由此进行拓展性和创造性的活动，还可以与家庭合作开展更丰富的科技小制作和科学探索活动。

参与这本书编写的人员既有来自高校学前教育专业的教师，也有来自在幼儿科学教育方面成绩比较突出的山东省幼儿园的园长和教师（第一单元由董旭花教授编写，第二单元由李芳、谭文英、李冬梅、李静、郭新荣、秦晓琳、董旭花共同编写）。他们有着丰富的幼儿园科学教育经验，又对幼儿园科学教育充满热情。这本书编写的过程，充满了挑战，又具有极大的乐趣，也是我们所有人员重新学习、提高的过程。

对于我来讲，这本书的编写可以说是无数次集体教研的结晶，是集体智慧反复碰撞的结果。书里面的任何一个幼儿科学探索活动，都是先经过小组内所有人参与讨论之后，再选一个人和他的幼儿园团队负责具体编写，然后再经过小组所有成员的反复讨论修改，前后修改次数在5次以上。在此，我们感谢在背后支持编写老师们的那些团队，它们是：济南市七里山幼儿园、济南市二机床集团公司幼儿园、济南市育贤第一幼儿园、山东省交通厅幼儿园、济南军区政治部机关幼儿园、淄博市市直机关第二幼儿园。同时，我还要感谢原济南市育贤第一幼儿园园长袁鸣芳老师、东营市教育局托幼办李玉珍主任、青岛市教研室薛梅老师，感谢她们为我们提供了很多有益的建议。此外，为了保证第二单元每个科学探索活动后面的"科学小知识"的准确性，我们特邀请济南市舜耕中学的邹炳孝老师进行校对。他的严谨和博学也令我们十分钦佩，在此，一并表达我们的敬意和谢意。

最后，我还要感谢中央教科所的刘占兰老师百忙之中抽出时间看了我们所有的稿件，并在推荐序中给予我们的工作很大的肯定。

幼儿科学教育还有很多的问题需要探索，期待我们的工作可以起一点"添砖加瓦"的作用。

董旭花
2010年9月14日

目　录

第一单元　幼儿园科学区（室）的创建 /1

一、幼儿园里的科学教育 ·· 2
　（一）像科学家一样的儿童 ·· 2
　（二）科学与幼儿的科学 ··· 3
　（三）幼儿园科学教育 ·· 3

二、班级科学区的创建 ·· 5
　（一）空间的选择与布置 ··· 5
　（二）材料的选择与提供 ··· 6
　（三）区域管理与活动指导 ·· 8

三、班级自然角的创建 ·· 9
　（一）种植植物 ··· 10
　（二）植物实验 ··· 11
　（三）饲养动物 ··· 12
　（四）展示标本与物品 ·· 12
　（五）展示观察记录 ··· 13

四、科学发现室的创建 ·· 13
　（一）空间布置 ··· 13
　（二）材料选择 ··· 14
　（三）使用与管理 ·· 16

第二单元　幼儿园科学探索活动 /21

主题一　沙和水 ··· 22
　活动 1　量沙 ·· 22
　活动 2　筛沙 ·· 24
　活动 3　自制沙漏 ·· 25
　活动 4　沙水土混合实验 ··· 27
　活动 5　沉浮实验 ·· 28
　活动 6　融化和溶解 ··· 30

v

活动 7　自制泡泡水 ·· 32
活动 8　吹泡泡 ·· 34
活动 9　冻冰花 ·· 36
活动 10　旋转的小花 ··· 38
活动 11　自制喷泉 ··· 40
活动 12　吸水性实验 ··· 41
活动 13　不沉的纸船 ··· 43
活动 14　帆船竞速 ··· 44
活动 15　橡皮筋游艇 ··· 46
活动 16　好玩的压水机 ·· 48
活动 17　水车转转转 ··· 49
活动 18　玩水枪 ·· 51

主题二　空气和风 ·· 52
活动 19　空气在哪里 ··· 52
活动 20　不湿的手绢 ··· 54
活动 21　旋转的光盘 ··· 56
活动 22　火箭上天 ··· 58
活动 23　彩球升空 ··· 60
活动 24　好玩的充气游戏 ·· 61
活动 25　可爱的充气动物 ·· 63
活动 26　不落的气球 ··· 64
活动 27　帮气球找家 ··· 65
活动 28　气球动力车 ··· 66
活动 29　蜡烛为什么会熄灭 ··· 68
活动 30　风车转转转 ··· 69
活动 31　自制风向标 ··· 71
活动 32　自制风速仪 ··· 73
活动 33　做风筝 ·· 74
活动 34　自制降落伞 ··· 76

主题三　声音 ·· 77
活动 35　塑料管排箫 ··· 77
活动 36　有线电话 ··· 79

　　活动 37　会飞的蝴蝶……………………………………………81
　　活动 38　音乐瓶…………………………………………………83
　　活动 39　皮筋吉他………………………………………………85
　　活动 40　自制沙锤………………………………………………87
　　活动 41　传声筒…………………………………………………89
　　活动 42　小喇叭…………………………………………………90
　　活动 43　会跳的小熊……………………………………………92
　　活动 44　五弦琴…………………………………………………93
　　活动 45　听诊器…………………………………………………95
　　活动 46　奇妙的小鼓……………………………………………96
　　活动 47　听声猜物………………………………………………97
　　活动 48　好听的乐器……………………………………………98
　　活动 49　看不见的声波…………………………………………99
主题四　电和磁……………………………………………………100
　　活动 50　摩擦起电……………………………………………100
　　活动 51　互不理睬的气球……………………………………102
　　活动 52　电池家族……………………………………………104
　　活动 53　小灯泡亮起来………………………………………106
　　活动 54　简易直流电动机模型………………………………108
　　活动 55　铁钉变磁铁…………………………………………110
　　活动 56　铅笔中的秘密………………………………………112
　　活动 57　不会碰撞的小汽车…………………………………113
　　活动 58　青蛙捉虫……………………………………………115
　　活动 59　能干的潜水员………………………………………117
　　活动 60　小刺猬长刺…………………………………………119
　　活动 61　保护蛋宝宝…………………………………………121
　　活动 62　长长短短的珠链……………………………………123
　　活动 63　探寻宝藏……………………………………………124
　　活动 64　汤匙变磁铁…………………………………………126
　　活动 65　自动倒下的硬币……………………………………127
主题五　运动和力…………………………………………………129
　　活动 66　称称有多重…………………………………………129

活动 67　跷跷板真好玩……………………………131
活动 68　平衡鸟……………………………………133
活动 69　有趣的不倒翁……………………………134
活动 70　不倒的棋子………………………………136
活动 71　斜坡实验…………………………………137
活动 72　自制陀螺…………………………………139
活动 73　弹性玩具…………………………………141
活动 74　会翻跟头的小胶囊………………………143
活动 75　神奇的纸桥………………………………145
活动 76　有趣的多米诺骨牌………………………147
活动 77　不落的小球………………………………149
活动 78　不一样的滚动……………………………150
活动 79　会摆动的玩具……………………………152
活动 80　拉不开的书………………………………153
活动 81　奇妙的滑轮………………………………154
活动 82　常用工具…………………………………156
活动 83　量一量……………………………………157

主题六　光与影…………………………………………159
活动 84　平面镜照照照……………………………159
活动 85　神奇的放大镜……………………………161
活动 86　有趣的哈哈镜……………………………163
活动 87　能干的潜望镜……………………………164
活动 88　美丽的万花筒……………………………166
活动 89　影子的形成………………………………168
活动 90　彩色的影子………………………………169
活动 91　影子消失了………………………………170
活动 92　影子多多…………………………………171
活动 93　影子表演…………………………………172
活动 94　自制彩虹…………………………………174
活动 95　变色的陀螺………………………………175
活动 96　老虎进笼…………………………………176
活动 97　会变色的光………………………………178

  活动 98 小孔成像 ························180

主题七 宇宙探索 ····································182
  活动 99 宇宙概貌 ························182
  活动 100 八大行星 ·······················184
  活动 101 宇宙探索 ·······················185
  活动 102 认识地球 ·······················187
  活动 103 昼夜更替 ·······················189
  活动 104 月相变化 ·······················191
  活动 105 天文望远镜 ····················193
  活动 106 三球仪 ···························195

主题八 四大发明 ····································196
  活动 107 小小指南针 ····················196
  活动 108 神奇造纸术 ····················198
  活动 109 我来学印刷 ····················200
  活动 110 节日烟花 ·······················202

主题九 植物 ··203
  活动 111 各种各样的种子 ···············203
  活动 112 种子发芽 ·······················205
  活动 113 会变色的花 ····················207
  活动 114 喜欢水的根 ····················208
  活动 115 苗苗与阳光 ····················209
  活动 116 光合作用 ·······················211
  活动 117 叶子拓印画 ····················213

第一单元

幼儿园科学区（室）的创建

一、幼儿园里的科学教育

（一）像科学家一样的儿童

心理学研究表明，一个心理安全感良好的孩子，会对外部世界充满兴趣。外部世界不外乎两种：一是人，二是物。因为对人充满兴趣，儿童学习社会交往，建构自己的小社会；因为对物感兴趣，儿童一刻不停地动用他们的手脚和感觉器官来探究这个世界，我们把这称之为好奇心或探究欲。

好奇心和探究欲对于人类发展极为重要，人类社会发展和文明进步的历史有力地证明了这一点。它们对于儿童也是同样重要的，好奇心和探究欲不仅能帮助儿童认识和了解世界，而且是推动儿童健康成长的重要力量。

爱探索是儿童的天性。对于3—6岁的儿童来讲，伴随好奇心的外部行为就是好问和探索。面对这个如此奇妙、充满变化的世界，儿童有太多的疑惑、太多的惊奇，还有太多的奇思妙想……所以，儿童是闲不住的，他们想要看、想要听、想要触摸、想要动手操作，以便弄清楚这个世界所有的奥妙。因此，无论是作为教师还是作为幼儿家长，面对如此兴致勃勃的探索者，我们最应该做的就是保护和支持他们的好奇心和探究欲。

每一个儿童都是科学家。科学的本质不在于认识已经存在的真理，而在于探索真理。从这个角度来说，科学探索过程的核心在于探究，科学态度的核心是探究精神，而儿童天生喜欢新事物，对未知世界充满兴趣和探索欲望，他们孜孜不倦，永不满足，所以说"每一个儿童都是科学家"一点也不过分。科学家也正是因为具备了像小孩子一样的好奇心和探索欲望，才会不断挑战未知领域，才会对世界做出如此巨大的贡献。

（二）科学与幼儿的科学

尽管千百年来不断有人给科学下定义，但我们还是试图想从幼儿的科学这个角度对科学概念做一个界定或者是描述。

首先，我们不否认科学是知识，但是对于幼儿园阶段的孩子来讲，科学更多的不是那些写在书本上的原理和规律之类的知识，而是那些生活中他们不断接触和积累的经验层次的知识。因此，幼儿的科学不是高深莫测的理论，而是与生活紧密相连的科学知识。人类生活的吃、穿、住、用、行，任何一方面都有无穷无尽的科学知识。

其次，科学知识的获得离不开科学探索的过程，所以，科学不仅表现为静态的知识，还表现为动态的过程。对于幼儿来讲，人类所有的对事物的观察、比较、分类活动，由好奇心引发的猜想、实验、操作探究活动，以及对事物、事件或现象的推理、解释过程都属于科学的范畴。这样的过程不仅仅具有引领幼儿获得知识和经验的作用，更重要的是让幼儿亲历科学探究的全过程，体验科学家研究科学的过程，满足幼儿喜欢动手做和探究的欲望，有利于培养幼儿的科学精神和对科学的热爱。

再次，科学也是一种态度，一种价值观和世界观。在幼儿园科学教育过程中，好奇心和求知欲、尊重事实和客观世界的态度、怀疑精神、求异求新求变的不满足精神、乐于通过亲自实践来求证的精神都属于科学的范畴，它们比科学知识更能影响幼儿一生的发展，所以，它们具有更深远的意义。

（三）幼儿园科学教育

幼儿园的科学教育既包括正规的科学教学活动，如集体教学活动，也包括非正规的科学探索活动，如生活、游戏、区角活动中的科学活动等。

生活中的科学教育。 幼儿园里的孩子每天都有很多时间是在进餐、盥洗、午睡、散步等生活环节中度过的，教师不要忽视了其中的科学教育渗透。比如，散步的时候，让幼儿对周围的花草树木、建筑、交通工具等进行观察比较；进餐的时候，让幼儿对食物进行观察和了解等。所以，生活既是科学教育内容的来源，也是幼儿园科学教育不可忽视的途径和方法。

游戏中的科学教育。《幼儿园工作规程》和《幼儿园教育指导纲要（试行）》都强调游戏是幼儿园的基本活动，从一个侧面强调了游戏对幼儿发展的价值。本书第二单元中所列举的科学探索活动，有很多都是趣味性很强的科学游戏。此外，幼儿园中的其他游戏同样蕴含丰富的科学知识，也是对幼儿进行科学教育的很好契机。比如，小朋友在户外经常玩的"踩尾巴"游戏就与光和影子有关，"丢手绢"游戏就与运动方向和速度有关，而"过家家"游戏中则渗透着许多有关食品、餐具、服装的科学知识。

区角活动中的科学教育。区角中的科学教育，不仅包括专门的科学区、自然角中的科学教育，也包括美工区、角色游戏区、表演区等其他区域中的科学教育。比如，在美工区里玩橡皮泥，幼儿不仅可以感受橡皮泥的属性（如软和硬）、形状的改变、量的比较及其相互关系（如一块橡皮泥可以分为几块小橡皮泥）等，还可以感受到颜色的变化（如在一块红色橡皮泥里揉进一块黄色的橡皮泥，橡皮泥就会变成橙色）等科学现象，所以说，这里蕴含着丰富的科学探索的内容。

因为区角为幼儿提供了一个更加宽松、自由、自主的活动空间，每个幼儿可以根据自己的需要、兴趣和发展水平，按照自己的学习方式和进程，自主选择材料和活动内容，自主选择合作伙伴，主动进行探索和学习。所以，区角可以满足幼儿个性化的学习需要，让他们体验到更多的快乐、成功和自信。

"做"科学而不是"讲"科学。受传统教育的影响，我们好像已经习惯于教师讲科学、孩子听科学，但是这样的教育方式，很容易让科学教育变为静态的、乏味的科学知识的传递。对于小孩子来讲，科学学习不是听和记，而是亲历和参与，就是做的过程。所以，幼儿园里的科学教育更应该强调让幼儿做科学，让幼儿做

科学既包括观察、体验,也包括实验、操作、表达和交流。

让幼儿做科学对于幼儿教师来讲,既是教育观念的转变,也是对科学教育环境和条件的改变。要让幼儿做,就得有做的环境、做的条件,这就是幼儿园科学教育环境的创设,如科学区、自然角、科学发现室的创建。

二、班级科学区的创建

班级科学区是指在班级活动室内为幼儿创设的、可以自由进行实验操作和科学探索的空间。小班的科学区活动应该更贴近幼儿生活,更具有游戏性,它的科学区可以单独设置,也可以和玩具吧、沙水区、操作区等结合起来设置;中、大班科学区的创建应该突出活动的可操作性、趣味性和游戏性,要为幼儿提供充足的活动材料和充裕的空间进行科学探索,满足幼儿的好奇心和求知欲,让幼儿亲历"科学家研究科学"的过程。

(一)空间的选择与布置

科学区空间的大小与选择应因地制宜,根据班级活动室的面积、朝向、班级幼儿人数等因素来确定,要兼顾教学活动和区域活动的需要,要兼顾集体活动、小组活动和个别活动的需要。

一般来讲,室内面积较大,尤其是人均面积较大的班级,创设班级科学区就容易一些,可以分主题创设科学区,如光影区、沙水区、电磁区等;相反,人均面积较小的班级在创设科学区时可能就需要与其他区域结合起来考虑,可以把科学区与自然角相结合,也可以把科学区、数学区、语言区通整为益智区。没有空间摆放开放式橱柜的班级,可以把科学探索的材料集中在几个主题箱中摆放,等开展区域活动或自由活动时再取出来分组使用。

因为科学区的活动内容丰富,有的需要水,有的需要电,有的需要黑暗或光照，所以，科学区最好临近水源、光源和电源，或者有特别的装置。另外，科学区的探索活动需要幼儿专注、投入、动脑筋思考，所以，科学区最好与表演区等相对吵闹的区域有一定间隔。

有足够空间的班级，教师还需要提供橱柜摆放科学区的材料。小型操作材料如电线、小灯泡、干电池等可以按主题存放在筐子或者盒子里，贴上标签后再摆放到橱柜中。一般来讲，低矮的开放性橱柜便于幼儿自己取放材料，有利于幼儿自主探索活动，所以，科学区应多选用这一类橱柜。但是，伴随活动的开展，材料会不断增加，所以，教师有必要选择一部分高一点的橱柜，有开放的，有封闭的。需要教师指导使用的材料，可以放置在高一点的封闭性橱柜中，或者根据计划，分阶段呈现材料。

班级科学区的墙壁，可以悬挂或粘贴部分操作材料，也可以张贴实验操作步骤和方法的示意图，还可以张贴幼儿的实验记录图表，有些弯管实验、传声筒实验材料则可以直接固定在墙上。

（二）材料的选择与提供

材料是科学区创设的关键，材料的多少、质量的高低、材料之间的结构关系，直接关系到科学区活动的开展和幼儿的探索兴趣，所以，教师应该尽可能从多方面搜集材料，丰富科学区活动的内容。

材料的一般要求。 第一，安全，不要用有缺角、有毛刺、不卫生的物品。第二，可操作性强，富有变化。科学区的材料不是用来当摆设的，因此教师不需要过于强调美观，也不要投放太多的无法摆弄的成品，应该尽可能满足幼儿喜欢动手做的特点，提供可操作性强、富有变化的材料。第三，经济、实用，多选用自然材料和废旧物品。科学区的材料有些必须要购买，如放大镜、磁铁、电池、电线等，但大多数材料可以在周围环境或在日常生活用品中找到，这既经济实用、符合环保的理念，又符合现阶段我国幼儿园的发展现状。

此外，为方便幼儿记录实验操作的过程和结果，教师应该为幼儿提供纸笔，并提供空间来展示幼儿的记录，便于与幼儿交流和分享。为方便幼儿查找资料，丰富知识经验，教师还可以在科学区附近提供与探索主题相关的图书或画册。

为鼓励幼儿的自主性，帮助幼儿养成良好的卫生习惯，教师还可以在科学区提供清洁用品，摆放废物箱等。

材料的呈现。班级科学区的材料越丰富越好，但对于幼儿来讲，一次呈现的材料却不是越多越好。如果把所有的材料都乱七八糟地堆放在桌上，或者堆放在筐子里交给幼儿，会让幼儿无所适从，甚至有可能会让他们把探索材料变成打闹的玩具，所以，材料最好是按主题循序渐进地分层次呈现。此外，因为材料能物化科学探索的目标，所以让一次呈现的材料整齐、有序，既能体现明确的目标指向，又能引发幼儿探索的兴趣。比如，当教师把电线、小灯泡、干电池放在一个小筐子里而不再掺杂其他物品时，幼儿无须教师要求就会探索怎样让小灯泡亮起来，这就是材料物化了探索活动的目标。可是，如果在筐子里再放上积木、纸张、放大镜、小汽车等材料，就会让幼儿失去探索的目标，不知道该做什么。

呈现材料时最好结合主题教学活动，按年龄段发展目标层次递进，不要一股脑地把搜集到的材料都展示出来。另外，材料与材料会构成一定的关系，引发不同方向，甚至不同性质的活动。比如，把不同厚薄、不同质地的纸张放在一起，引发的可能是观察比较的活动；把纸和剪刀放在一起，引发的可能是剪纸活动；把纸和水放在一起，引发的可能是吸水性实验；把纸和画笔放在一起，引发的可能是绘画活动；把纸和尺子放在一起，引发的可能是测量活动……所以，教师在投放材料的时候，一定要认真考虑幼儿可能进行的探索活动，排除干扰因素和不必要的一些点缀，直接引导幼儿指向有意义的探索活动。

材料的来源。建议教师在幼儿园或班级门口设置一个"百宝箱"，收集来自家庭的各种废旧材料。也希望教师在班级里设置一个"宝贝展示区",允许幼儿将自己收集的各种物品展示出来,这些"宝贝"很有可能引发幼儿的科学探究活动。教师也可以有意识地带幼儿到周围的商店、工厂、农户家等寻找边角材料或废旧材料,在征得别人的同意之后带回幼儿园。幼儿园周围的大自然更是我们科学区材料取之不竭的"宝库",教师在带幼儿外出春游、秋游、散步时,可以和幼儿一起搜集需要的材料带回来。

幼儿在班级科学区主要围绕各种自然现象和物理现象开展各种探索活动,活动类型主要有观察活动、实验活动、测量活动、操作活动等,教师需要准备的材料可参考后面的"科学发现室的创建"的相关内容。

(三) 区域管理与活动指导

1. 科学区的管理

(1) 科学区应该是开放的。班级科学区是为幼儿创设的自主进行科学探究的环境。所以,科学区应该是开放的,允许幼儿在区域活动时间、自由活动时间进区活动,允许幼儿自由选取材料开展活动,允许幼儿以自己的方式进行探索。

(2) 科学区的材料应该不断得到补充和更新。为保障幼儿对科学区的持续兴趣,科学区的材料应该随主题活动的开展、幼儿知识经验的丰富、兴趣的转移,不断地得到补充和更新。

(3) 让幼儿参与科学区的材料搜集、环境布置活动。以往很多幼儿园的区域环境都是教师说了算,教师设计和布置环境、搜集材料,加班加点地忙乎,却忘记了这个环境的"主人"——幼儿,幼儿作为区域活动主动者的地位被完全忽视了。其实,幼儿参与环境布置与材料搜集的过程本身就是学习和成长。

(4) 教师和幼儿共同参与科学区规则的制定,共同维护科学区环境。区域规则不应该是教师对幼儿的要求,应该是共同的探究活动本身对幼儿的要求。所以,教师应该通过对幼儿活动的观察,引领幼儿自主讨论区域活动规则,并使其成为大家共同遵守的规则。

2. 科学区活动指导

（1）科学区的活动应与主题教学活动、生活活动密切联系。科学区活动可以在主题教学活动之前开展，为主题教学活动积累经验；也可以作为主题教学活动之后的延伸活动，充分满足每个幼儿动手做和探索的欲望。无论是家庭生活还是幼儿园生活都有很多的教育契机，教师和家长都应该支持和鼓励幼儿在日常生活中进行科学探索活动，并使之和科学区的活动形成有效的互动，保证科学区的活动不断有新意，趣味盎然。

（2）科学区活动指导应该以观察为前提。教师如何指导幼儿在科学区的活动呢？如果教师没有对幼儿活动现状进行细致的观察和分析，就不可能对幼儿科学探索活动进行有效的指导，所以，科学区活动指导的前提是教师对幼儿活动的观察。

（3）科学区活动指导有显性指导和隐性指导两种。显性指导是以教师直接给予幼儿教导、建议、要求等方式出现；而隐性指导可以是教师平行、平等参与幼儿的活动，也可以是教师根据幼儿的活动需要提供材料、改变材料的组合方式等。在幼儿的活动遇到困难时，教师不要太急于提供帮助，应该学会等待，让幼儿有反复试误的机会，让他们能体验到自主获得成功的喜悦。

（4）组织幼儿讨论和交流。在科学区活动结束之后，教师可以组织参与科学探索活动的幼儿进行讨论和交流，这样一方面可以让幼儿彼此分享经验，增长智慧，促进思考，发展思维能力和表达能力；另一方面可以让幼儿彼此影响，让更多的幼儿感受到科学的魅力，喜欢上科学。

三、班级自然角的创建

班级自然角，即在班级活动室内向阳的地方开辟一块空间，供幼儿进行饲养小动物、种植适合室内生长的植物等活动。班级自然角可以单独设置，也可以从属于班级科学区。科学区和自然角的区别在于：科学区从内容上来讲，突出对物理现象的探索，从活动类型上来讲更强调实验操作；而自然角从内容上来讲，突出对生命科学的探索，从活动类型上来讲突出种植饲养和观察活动。

关于自然现象和生命科学的探索最好是在户外，一方面满足幼儿喜爱户外活动的心理需要，另一方面让幼儿有机会在自然条件下观察和探索各种生命现象，亲近自然。所以，教师应该转变教育观念，不要把幼儿整天关在教室里，有条件的幼儿园应尽可能多带幼儿外出，把室内外的探索活动结合起来，让幼儿的科学探索活动自由、丰富而趣味盎然。自然角的设置一方面可以满足幼儿把喜爱的小动物、植物带回来近距离观察和探索的欲望；另一方面，北方冬季的户外动植物都很少见，室内自然角的动植物却因为温暖而可以仍然保持生机勃勃，所以，自然角有其特别的意义。那么如何设计和布置自然角呢？在自然角都可以开展哪些科学探索活动呢？

（一）种植植物

在室内种植植物的优势是温度相对稳定，冬季如果有暖气，室内比户外温度会高很多，有利于植物生长；劣势是光照受限，不过在开放性阳台上或靠近窗户的位置会好很多。所以，在选择室内种植的植物时，首先考虑的就是喜阴、对光照要求不高的植物。此外，因为在室内我们只能利用盆盆罐罐来种植，所以选择那些易成活、对土壤和肥料要求不高的种子最好。那么怎样在自然角中种植植物呢？

1. 让种子发芽

把种子放在水里浸泡一定时间后，再放置于盛有适量水的浅盘或土壤中就会看到种子发芽并长大。适合的种子有蚕豆、黄豆、扁豆、花生、玉米、南瓜籽、小麦等，需要的材料有容器、种子、水或者土壤。

教师最好和幼儿一起先在室内透明容器中用水泡养种子，让

种子发芽，这样便于幼儿观察种子发芽的过程，然后再把种子移植到土壤中。

2．泡养蔬菜或花卉

把土豆、萝卜、大蒜、洋葱等生活中我们常吃的茎块状蔬菜泡养在水中，会看到它们从不同的地方发芽，并长出叶子。也可以把萝卜切开，中间挖空，倒入水，然后在其中放入白菜心，会看到萝卜白菜齐开花的美景。如果把它悬挂在班级活动室，会使活动室变得生机盎然，尤其是在冬季。

初春时节，室内温度往往比室外高。如果把迎春花、柳树、桃树等树枝泡养在室内的水中，会比室外更早看到它们发芽、长叶子、开花。室内外对比，就会让幼儿感受到温度对植物生长的影响。

此外，一般家庭都会选择富贵竹、水仙花、月季花、迎春花等花卉进行水养，这些花在幼儿园室内水养也比较合适，既容易成活，也有利于幼儿观察花卉的生长，尤其是花卉根部的生长状态。当然，这些花也会装点美化活动室，使活动室充满生机。

随季节选择适合泡养的植物时，冬季可选择土豆、萝卜、白菜心、大蒜、洋葱等，春季可选择杨树、柳树、桃树的树枝，然后引导幼儿观察对比室内外植物生长的不同。在泡养植物的过程中，有条件的班级可以在水中加一点营养液，促进植物的生根和生长。

3．盆栽植物

盆栽植物的秧苗既可以通过种子发芽，自己获得；也可以通过移植，从户外或别的地方移植而来。既可以栽种花卉、小型树木，也可以栽种蔬菜、农作物等。盆栽植物的土壤应根据植物的特点选择不同质地的土壤，有的植物喜阴，有的植物喜阳；有的植物喜欢水多，有的植物比较耐旱……教师应注意和幼儿一起边种植边学习，不断丰富知识经验。

（二）植物实验

在种植植物的过程中，教师可以有意识引导幼儿进行一些植物实验，比如，种子发芽的对比实验；温室内外植物生长的对比实验；植物生长与阳光、空气、水的关系的对比实验等，这些内容教师可以在本书中找到。

（三）饲养动物

幼儿天性喜欢动物，饲养动物可以满足幼儿想与动物亲近、观察和照料小动物生活的愿望，还可以帮助幼儿观察了解动物的特征和生活习性，丰富知识经验，以及学习一些简单的动物饲养技能。在室内或阳台饲养的动物一般是体态较小、叫声悦耳、易于成活、易于饲养的小动物。

1. 鸟类

可以在教室阳台上饲养八哥、朱雀、鸽子、鹦鹉等鸟，这些鸟形象可爱，叫声悦耳，幼儿十分喜爱。教师可以让幼儿排值日表，轮流照顾它们并打扫鸟笼。

2. 昆虫

幼儿一般对昆虫很感兴趣，所以，教师可以选择一些无毒的、比较常见的昆虫让幼儿饲养，如蚕、蝈蝈、七星瓢虫、蚂蚱、菜青虫等。很多昆虫如蚕、菜青虫等，其一生会有很多形态变化，饲养过程会让幼儿有更直观的了解。

3. 水生动物

常见的适合室内生长的水生动物有鱼、乌龟、泥鳅、蝌蚪等，这些水生动物很讨孩子们的喜欢，也比较容易养活，它们的食物也比较容易寻找到。

（四）展示标本与物品

自然角还可以陈列或悬挂某些动植物标本，或展示幼儿搜集来的物件，如蚕的生长发育过程标本、小麦生长发育的标本、植物根系的标本、各种鸟类标本或仿真玩具、各种植物种子、各种树叶、各种石头、各种土壤等。教师应该让幼儿参与到标本和物品的收集过程中，这样的过程既是幼儿喜爱的，又可以丰富幼儿的经验，让幼儿学习相关技能。

(五)展示观察记录

为了让幼儿有目的地观察动植物生长的过程,更好地进行对比观察或实验以得出有效结论,教师最好给幼儿提供纸笔,鼓励和指导幼儿有计划地进行记录,然后在合适的地方展示幼儿的记录结果,并组织幼儿进行分享和讨论活动,帮助幼儿真正体验"科学家研究科学"的过程。

四、科学发现室的创建

科学发现室和图书室、美工室、舞蹈室等同属于幼儿园的功能室,是在幼儿园内专门为幼儿创设的、让幼儿自主地进行科学探究的环境,可以把它看成是放大了的科学区。不同的是,科学区一般从属于班级,在班级内设置;而科学发现室则从属于整个幼儿园,各个年龄班共享,一般面积较大,设备和材料更丰富。伴随幼儿园办园条件的逐步改善,很多幼儿园都创设了科学发现室。科学发现室也叫科学探索室、科学活动室、科学宫等,它的建立可以为幼儿提供更充足的空间和材料,让他们自主地进行科学探索活动,以满足他们的好奇心和求知欲。

(一)空间布置

科学发现室最好选择朝南向阳的房间,房间面积应该大一些,能容纳一个班级的幼儿共同活动最好;实在没有大房间,至少应该能容纳一个班级二分之一的幼儿,每个班可以分两组轮流去玩。

科学发现室墙壁的装饰物可以有以下几个选择:(1)能操作探索的,如长长的传声筒;(2)科学家的人物画像;(3)科学发展、科学探索的宣传画、图片,如人类航天研究成果;(4)有利于幼儿进行观察或装饰的各种自然物或标本，如各种种子、叶子；(5)幼儿自己的绘画作品或观察记录、实验记录；(6) 展示架、展示栏等。

科学发现室内的空间应该被立体地加以利用，教师最好按照活动主题、动静有别等进行空间分割，并利用橱柜进行有效间隔。教师应该根据活动需要，确定每个活动主题区的位置和面积的大小，如电和磁的探索活动相对安静，在桌面上就可以完成；而摩擦力的斜坡实验则需要较大的空间，最好让小汽车滚到地面自然停下，幼儿再进行测量。此外，科学发现室应该为幼儿提供充足的操作空间，避免推推挤挤，相互干扰。

科学发现室内较大的仪器和设备占用空间较大，可以优先考虑其位置，包括其对水、电、光的要求；较小的物品材料可以直接摆放在橱柜里，也可以按活动主题放置于一个筐子里后再摆放到橱柜中，让幼儿自由取放。材料摆放的基本原则还是：整洁、有序、能物化探索活动目标，而不要杂乱无章地堆砌在一起。

此外，科学发现室还应该有充足的存储空间，存放暂时不用的材料。

(二) 材料选择

和科学区材料选择的要求一致，科学发现室内的材料同样要求丰富多样、可操作性强、能体现层次递进性。此外，结实实用也很重要，不要那些只能做摆设的物品。

如果有条件，幼儿园还可以购买一些具有一定科技含量、教师自己做不出来的成品供幼儿游戏，开拓幼儿的视野，激发幼儿的科学兴趣，如有关声音的无皮鼓、无弦琴，有关光的折射的隧道，有关水和力的水车、压水井等。

科学发现室里摆放最多的还是各种原始材料和简单玩具，如磁铁、干电池、水和沙、纸张、塑料袋、打气筒、小汽车等，这些材料一般都是好玩、有趣、富有变化、结构简单、操作容易，即使没有教师指导，幼儿也可以自己操作。

因为幼儿人数多，要保证每个幼儿都有机会参与实验操作。科学发现室的材料还应该注意种类和数量多一些，同一种材料数量多一些，这有利于幼儿相互间的交流与合作。

科学发现室的材料种类繁多，在创设时，可围绕以下主题搜集相关材料：

1．水和沙

大水盆或水槽、粗细不一的沙子、筛网、漏勺、漏斗、各种瓶子、杯子、勺子、铲子、吸管、泡泡液、喷枪、肥皂、海绵块、量杯、小水车、盐和糖、各种能沉浮的小物件等。

2．空气和风

大小透明塑料袋、透明玻璃杯、盛水的脸盆、大小气球、打气筒、纸扇、纸杯、纸飞机、纸船、吸管、胶带、碎纸片、风车、蜡烛、记录表等。

3．声音

各种纸盒、易拉罐、瓶子、盛水的玻璃杯、小石子、豆子、沙子、漏斗、打击乐器、橡皮筋、纸杯、线绳、PVC管、录音机等。

4．电和磁

各种电池、小灯泡、电线、胶带、回形针、铁片、铜丝、线绳、厚纸片、纸盒、手电筒、小家电、气球、绒布、塑料尺子、塑料片、各种形状和大小的磁铁、瓶子、指南针、小纸盒等。

5．运动和力

大小纸盒、积木块、斜面板、小汽车、皮球、易拉罐、塑料碗、纸杯、乒乓球、独轮车、羊角球、玻璃球、滑轮、天平、弹簧秤、筷子、各种夹子、各种陀螺、瓶子、光滑程度不一的布料、毛巾、弹性玩具等。

6．光和影

各种哈哈镜、三棱镜、放大镜、万花筒、望远镜、颜料和调色盘、可以叠加颜色的彩色塑料片、报纸、水盆、厚卡纸、各色玻璃纸、透明玻璃、毛玻璃、手电筒、台灯、应急灯、各种颜色的纸、各色布料、手偶玩具等。

7. 科技小制作

纸盒、纸杯、饮料瓶、纸、胶水、透明胶带、双面胶、剪刀、尺子、夹子、小球、小棍、各种线绳、弹簧、小磁铁等。

8. 科学玩具

各种电动玩具、声控玩具、遥控玩具等。

9. 拆拆装装

各种可以拆装的小物品和锤子、钳子、螺丝、镊子等工具。

（三）使用与管理

科学发现室不应该成为物品陈列室，而应该成为幼儿进行科学探索活动的富有趣味的活动室、游戏室，所以，一旦幼儿园创建了科学发现室，就应该充分发挥其作用，不要使其成为摆设。

（1）最好安排专人负责科学发现室的日常管理和活动指导工作。这个人不仅要细致、有条理、有责任心，而且应该具有丰富的科学学科知识和幼儿教育知识，可以胜任科学发现室的工作。其主要职责如下：第一，不断提供和补充消耗性材料，如纸张、胶水、颜料等。第二，布置和整理材料。新材料来了需要布置出来，在幼儿每次活动前后，都要对橱柜或筐里的材料进行整理。第三，不断淘汰幼儿不感兴趣、意义不大的材料，或者是已损坏、无法使用的材料，同时，补充新的材料。第四，照料科学发现室中有生命的物体。如果科学发现室饲养金鱼、乌龟、蚂蚁等小动物，教师就需要负责它们的生活，或者每天指导幼儿进行喂养。第五，记录科学发现室使用情况。科学发现室应该准备一个或三个（各年龄段）记录本，教师在每次活动结束后记录幼儿的活动情况和发现的问题，对照问题进行材料或活动内容的调整。

（2）应该制订科学发现室活动计划，按计划组织各个班级的全体幼儿定期来开展活动。还应该考虑各个年龄段幼儿知识经验的不同以及认知特点和兴趣的不同，有计划地安排不同的活动重点，拟定不同的核心问题让幼儿进行讨论。

（3）应该经常对科学发现室的仪器设备、电源电线等进行检修和维护，避免发生任何意外。

（4）充分发挥社区和家庭资源优势，不断补充和更新科学发现室的探索材料，把科学发现室活动引向家庭和社区，使其形成有效互动。

附：山东省城市幼儿园科学发现室配备基本标准

教育内容	材料配备标准	观察认知类	操作探究类
生命科学	动物	动物标本10~20个（昆虫、家禽、家畜、飞禽、野兽等）；动物图片5~8种（每种不少于10张）；动物仿真玩具不少于30个	动物生长过程拼摆图片2~3套(如青蛙、蝴蝶、蚕等)；食物链拼摆图片或仿真玩具2~3套；动物分类卡片5~8套（不少于80张）；恐龙玩具※
	植物	植物标本10~20个（种子、花卉、叶子等）；植物生长过程标本1~2套（小麦、玉米等）；显示年轮的树墩※	植物图片（根、茎、叶、花、果实等）不少于50张；果实仿真玩具※
	人类	人体孕育及成长过程图片或影像资料；人类进化过程图片或影像资料；人体主要器官模型1~3种（头、耳、牙齿等）	人类进化过程拼摆图片；指纹操作材料（放大镜、印泥等）※
物理科学	沙和水		玩沙工具3~5种，不少于10个（铲子、瓶子、盒子、漏斗、筛子、模具等）；配色实验材料5~10套(透明容器、三原色颜料)；沉浮实验材料若干（木质、塑料、铁质等物品）；吸水性实验材料若干（不同质地的纸、布、海绵等）；吹泡泡工具和材料5~10套

续表

教育内容	材料配备标准	观察认知类	操作探究类
物理科学	沙和水		量水工具不少于10个（不同形状、不同容量的量杯）； 喷水壶3～5个； 自制潜水艇玩具※、手摇抽水井※、水车玩具※、水的三态变化实验材料※、水温计※、浮水印画材料（墨汁、宣纸）※
	空气和风	风的作用和危害图片或影像资料； 人类预防风沙灾害的图片或影像资料※； 风向仪※	空气实验材料：气球、大小饮料瓶、蜡烛、小皮球、塑料袋若干； 充气筒2～5个、充气玩具6～10个、玻璃广口瓶6～8个； 风的实验材料：小电扇3～5个、扇子、小旗、各种风车玩具、风筝若干； 小吹风机※、玩具帆船※
	声音		打击乐器3～5种（鼓、锣等），不少于15件； 自制乐器材料3～5种，不少于10件（瓶子、盒子、皮筋等）； 传声筒（粗细长短不同的管子）、自制电话材料若干（纸杯、毛线等）； 声控玩具※
	电和磁		电实验材料：电池3种（干电池、锂电池、纽扣电池等），不少于20个； 导电实验材料10～20套（电线、小灯泡、干电池等）； 摩擦生电实验材料5套（尼龙布、塑料棒、纸屑等）； 磁性实验材料：各种磁铁不少于20块；曲别针、厚度不一的纸板、塑料板等若干； 电动玩具※、指南针※、司南※、磁性玩具※

续表

教育内容	材料配备标准	观察认知类	操作探究类
物理科学	运动和力		天平1~3个、平衡玩具不少于10个（如不倒翁等）； 陀螺10~20个； 弹性实验材料（弹簧、海绵、皮筋、松紧带等）若干； 弹性玩具5~10件（弹力球、弹簧小人等）； 斜坡实验材料（可调节高度、不同质地的坡面、各种球、测量长度的工具等）； 桥承重实验材料（纸、塑料板、小块积木等）； 自制降落伞材料（手绢、长绳等）； 多米诺骨牌※、弹跳类运动玩具（小蹦床、羊角球、跳跳球等）※、离心力玩具※、省力工具（杠杆、滑轮、独轮车等）※、沙漏※
	光和影		小镜子20个（可用铝塑板代替）； 放大镜5个； 万花筒、手电筒各10个； 望远镜3~5个； 各色透明塑料纸或塑料片若干； 可拆装的万花筒※、三棱镜※、潜望镜※、凹（凸）透镜※、哈哈镜※、三面镜※、显微镜※、数码相机※、便携式应急灯※
地理科学	宇宙概貌与宇宙探索	太阳系八大行星相关图片或影像资料； 宇宙飞船、人类探月、宇航员图片或影像资料； 火箭模型※、天文望远镜※	模拟火箭上天实验材料（卷筒、塑料袋、饮料瓶、纸杯等）※

续表

教育内容	材料配备标准	观察认知类	操作探究类
地理科学	太阳月亮地球	地图、地球仪1～3个	三球仪※、月相图※
科学技术	四大发明	火药、指南针、印刷术、造纸术图片或影像资料	造纸实验材料（纸、胶水、滤网等）※；活字模具（可用图章代替）※
	交通工具	各种交通工具及发展史图片或影像资料	各种交通工具玩具不少于30件；轨道模型玩具※
	通讯	各种通讯工具及发展史图片或影像资料	各种通讯工具实物、模型或玩具不少于10件

说明：1. 材料中带 ※ 的为选配设备，供有条件的幼儿园结合实际选配。
2. 本表中与玩教具配备目录相同的设备，在满足需要的前提下，不再重复配备。

——摘自山东省教育厅2010年7月下发的《山东省幼儿园基本办园条件标准（试行）》

第二单元

幼儿园科学探索活动

主题一 沙和水

活动1 量沙

适合班级： 小、中、大班

材料准备： 相同形状不同容量的量杯、相同容量不同形状的量杯、沙子

制作方法： 成品

实验操作：

（1）请幼儿选择相同形状、不同容量的量杯，装满沙子自由玩。（见"量沙图1"）

（2）引导幼儿观察量杯上的刻度，能够按量取沙。

（3）启发幼儿将沙子从一个量杯分别倒入其他量杯中，也可将若干小容量量杯里的沙子汇入一个大量杯中。

或者

请幼儿选择相同容量但不同形状的量杯，引导幼儿将沙子在不同形状的量杯之间倒入倒出。（见"量沙图2"）

或者

（1）把量杯当做模具，引导幼儿将湿沙装入量杯并扣在平坦的场地上，做出沙块。

（2）让幼儿进行比赛。在同一时间内，用量杯扣沙块，看谁扣得多，感受量杯的便捷和快速。

教师指导建议：

● 活动前教师要提醒幼儿注意安全和卫生，不要扬沙，不要用手揉眼睛。

● 在指导小班幼儿进行活动时，在幼儿体验玩沙乐趣的同时，

要让他们感受沙的特点。
- 在指导中、大班幼儿进行活动时,可提示他们比较各量杯中沙子的多少,并感受量的守恒。
- 如果选用玻璃量杯,一定提示幼儿小心使用。

拓展与替代:
◆ 请幼儿在日常生活中注意收集各种硬纸盒、杯子等容器,以代替量杯进行活动。
◆ 量沙的活动同样适用于量水。

科学小知识

守恒是指儿童认识到一个事物的知觉特征无论如何变化,它的量始终保持不变,也就是说如果沙子或水的容量相同,那么不管把它们倒入什么形状的容器中,它们的量都不会改变。心理学研究表明,儿童在其心理发展的过程中会出现两次守恒现象:一次是关于客体本身的永恒(如用布把儿童眼前的东西盖住,他们不会认为东西消失了),一次是关于数与量的守恒。儿童的守恒能力随年龄的增长而增强。5—6岁时,儿童形成数目守恒;9—10岁时,形成容积守恒。

量沙图1

量沙图2

活动 2　筛沙

适合班级：小、中、大班
材料准备：网眼大小不同的纱网、筐子若干，玩具铲子
制作方法：成品
实验操作：
让幼儿用纱网或者沙筐筛沙、运沙，玩建筑工地游戏。

教师指导建议：
- 在游戏中，请幼儿扮演建筑工人，按不同的要求筛沙、运沙，看谁的速度快。
- 在玩的过程中，重点指导幼儿观察沙子颗粒大小与筛子网眼大小的关系。

拓展与替代：
◆ 请幼儿在生活中搜集带网眼的材料或者筐子，以代替纱网筛沙。（见"各种筐子图"）
◆ 准备红豆、黄豆、绿豆、小米、玉米粒等大小不同的粮食让幼儿进行"筛谷粒"的游戏，幼儿可以根据要求选择合适的工具完成任务。

各种筐子图

🔬 科学小知识

在筛沙的过程中，沙的流速与网眼的大小和沙子颗粒的大小有关。当沙子颗粒相同时，网眼越大流速越快，网眼越小流速越慢；当网眼大小相同时，沙子的颗粒越大流速越慢，沙子的颗粒越小流速越快。

沙网在生活中的应用非常广泛，为我们的生活带来了方便，如纱窗、渔网、网兜、空调、豆浆机中的过滤网，以及建筑工地中筛沙用的网子等。

活动3 自制沙漏

适合班级：中、大班

材料准备：两两相同的矿泉水瓶若干（瓶口大小不一）、沙子、秒表

制作方法：

（1）两个相同的矿泉水瓶为一组，在其中一个矿泉水瓶中装入适量的沙子。每组瓶子中装入的沙子数量不变。

（2）分别将每组矿泉水瓶的瓶口相对并用透明胶带扎紧，可以在瓶身做简单的装饰，沙漏即制作完成。

实验操作：

（1）请幼儿倒转一组沙漏，观察沙子的流动，记录沙子流完的时间。

（2）请幼儿同时倒转多个瓶口大小不等的沙漏，比较它们流完的不同时间。

或者

（1）教师在制作沙漏时，用剪刀在瓶盖上戳洞，洞有大有小，可以有两个或三个洞。（见"自制沙漏图1"）

（2）在同时倒转沙漏的过程中，请幼儿观察、比较瓶盖眼大小与沙子流速的关系。

教师指导建议：

● 定期检查沙漏，避免沙漏漏沙。

● 可以请幼儿自选沙漏进行比赛，看谁的沙漏沙子流得速度快，提醒幼儿要同时倒转沙漏，确保实验效果的准确性。

● 注意引导幼儿观察沙子的流速，并能记录观察到的结果。

● 鼓励大班幼儿自制沙漏。

● 搜集资料向幼儿介绍沙漏的历史，知道沙漏是古代的一种计时工具。

拓展与替代：

◆ 在沙漏中放入小米、绿豆或黄豆等谷粒制作成米漏。（见"自制沙漏图2"）

◆ 请幼儿同时倒转米漏，观察不同瓶口谷粒流动的速度。

科学小知识

给沙子一个外力，沙子就能流动起来，不断地翻转沙漏就等于给了沙子一个外力，所以沙子能够流动起来。沙子的流速与沙漏瓶口的大小和瓶盖眼的数量、直径大小有关：瓶口越大、瓶盖眼越多且直径越大，流速越快；瓶口越小、瓶盖眼越少且直径越小，流速越慢。

沙漏也叫做沙钟，是一种测量时间的装置。沙漏由上下两个相同的瓶子组成，中间用狭窄的连接管道连在一起，上部瓶子所盛的细沙通过中间细管慢慢流入底部瓶子中，这一过程所需要的时间可以被用来对时间进行测量。一旦所有的沙子都流到底部瓶子里，该沙漏就可以被颠倒以测量时间了。这种沙漏的优点是可以两面使用，翻过来，底部就可以成为上部继续使用。

自制沙漏图1

自制沙漏图2

活动 4　沙水土混合实验

适合班级：中、大班
材料准备：沙、土、水、矿泉水瓶
制作方法：将矿泉水瓶剪成各种深浅不一的杯子
实验操作：
（1）让幼儿在沙子中慢慢倒入水，观察水能渗到沙子中，并能让沙子成型。
（2）建议幼儿用杯子把湿沙扣成不同形状的沙块，玩角色表演游戏。
　或者
（1）请幼儿用土和水自制泥巴，引导幼儿注意观察用多少土和多少水配合才能做出适合玩的泥巴。
（2）让幼儿用自制的泥巴进行泥塑游戏。
教师指导建议：
● 玩完后，提醒幼儿洗干净手。
● 引导幼儿比较干、湿两种沙土的不同。
拓展与替代：
建议家长在包饺子、做元宵时，邀请幼儿观察和面的过程，或者邀请幼儿参与包饺子、做元宵的过程，感受面泥的特点和玩面泥的快乐。

科学小知识

松软的泥土加水并混合以后会变成泥巴，水加得越多泥巴越稀软，水加得越少泥巴越硬。幼儿园可以用面粉来代替沙子和土供幼儿操作，让幼儿自制面泥。

活动5 沉浮实验

适合班级：小、中、大班

材料准备：木质玩具、塑料玩具、海绵、乒乓球、曲别针、石子以及玻璃球等不同质地的材料、记录表、装满水的水盆

制作方法：成品

实验操作：

（1）小班幼儿玩时，可以让他们把各种材料放入水盆中，让幼儿观察哪种材料会沉下去，哪种材料会浮在水面上。

（2）中、大班幼儿玩时，可以尝试让他们用各种方法改变物体的沉浮状态，比如，如何让上浮的材料下沉、如何让下沉的材料上浮等。

教师指导建议：

● 分组进行实验时，教师应根据参与实验的幼儿人数选择适宜的水盆和材料。教师要提醒幼儿穿兜兜裙或者挽好袖子，避免他们在活动中弄湿衣服。

● 请幼儿记录观察结果：幼儿可以从"预设结果—实验验证"两个角度来进行记录。建议在活动前记录"预设结果"，在活动后记录"实验验证"，要避免幼儿在实验中弄湿记录表。

● 教师和幼儿一起进行小结，知道铁和铁制品、石头等在水中会下沉，塑料和木质材料在水中会上浮，并请幼儿说清楚"沉下去"和"浮上来"。

● 鼓励幼儿大胆选择更多的料材进行实验并记录实验结果，组织幼儿相互交流经验。

拓展与替代：

◆ 可以让幼儿进行"让鸡蛋浮起来"的实验。准备一杯清水，并把鸡蛋放进去，观察鸡蛋在杯中的沉浮情况；然后在这杯水中不断加盐，观察鸡蛋在杯中的沉浮变化。

◆ 可以让幼儿用空矿泉水瓶做实验，尝试如何让瓶子沉入水

底、浮在水面或立在水中。
- ◆ 提供各种水果（葡萄、苹果、香蕉等），引导幼儿观察水果在水中的沉浮变化。

科学小知识

物体在水中或空气中，受到的水或空气将其向上托的力叫浮力，浮力的方向总是竖直向上的。物体在水中是下沉还是上浮，与它受到的重力和浮力的大小有关，也可以说与它的密度和水的密度的大小有关。当物体受到的重力大于它受到的浮力时，物体就会下沉；当物体受到的重力等于它受到的浮力时，物体就会悬浮于水中；当物体受到的的重力小于它受到的浮力时，物体就会上浮。此外，相同质量的物体，越是浸在密度大的液体中，越是容易上浮。

活动6 融化和溶解

适合班级：中、大班

材料准备：大小相同的小碗若干、温度计、糖块、咖啡、砂糖、盐、勺子、杯子、饮用水

制作方法：成品

实验操作：

(1) 将盛满水的若干个大小相同的小碗放进冰箱把水冷冻成冰块,如果在冬季可在户外自然冷冻。

(2) 将若干个冰块同时拿出,引导幼儿用多种方法让冰块融化,比较融化速度的不同。比如,放在室内任其自然融化、加热融化、放在阳光下融化等。

(3) 让幼儿分别舀一勺咖啡、一勺砂糖、一勺盐以及一块糖块,然后把它们同时放在不同温度但水量相同的水杯中,并用勺子搅拌,观察溶解现象。

(4) 溶解后请幼儿品尝,会有甜、咸、苦的味道,帮助幼儿进一步感受溶解现象。

教师指导建议：

● 在观察融化现象时,注意让幼儿比较温度对冰块融化的影响。

● 在观察溶解现象时,让幼儿观察比较哪些物体容易溶解、哪些物体不容易溶解,让幼儿比较水的温度和搅拌速度的不同对溶解的影响。

● 指导大班幼儿学会使用温度计,让他们尝试将自己观察到的结果和温度记录下来。

拓展与替代：

◆ 建议幼儿在饮料中加入冰块,制作一杯可口的冷饮。

◆ 在幼儿自制冷饮时,引导幼儿注意观察冰块与水温之间的关系：随着冰块的融化,饮料逐渐变凉,冰块越多,水温越低。

◆ 鼓励幼儿在家中选择多种材料自制饮料，如奶粉、咖啡、桔子粉等，进一步感受溶解现象。

科学小知识

固体受热化成液体的过程，被称为融化。通常情况下，体积相同的冰块，温度越高，融化的速度越快。

一种物质(溶质)分散于另一种物质(溶剂)中成为溶液的过程，被称为溶解。比如，食盐或蔗糖溶解于水而成水溶液。溶解的速度与溶质的性质、溶质在溶剂中的被搅拌的速度以及溶剂的温度等因素有关。通常情况下，颗粒状的溶质比块状的溶质容易溶解；搅拌的溶液比没有搅拌的溶液，其溶质容易溶解；温度高的溶剂比温度低的溶剂，其溶质容易溶解。

活动 7　自制泡泡水

适合班级：中、大班

材料准备：洗衣粉、餐洗净、肥皂片、小勺子、水、杯子（见"自制泡泡水图"）

制作方法：成品

实验操作：

请幼儿任意选择一种材料放入水杯里搅拌做成泡泡水，吹泡泡玩。

自制泡泡水图

教师指导建议：

● 提示幼儿用各种材料做泡泡水，看看哪一种材料溶解的速度快，哪一种材料容易吹出泡泡来，以及材料和水以多大的比例结合吹出的泡泡才又大又多。

● 带幼儿到户外吹泡泡，引导幼儿观察泡泡表面的色彩变化。

● 提醒幼儿不要把泡泡水吸到嘴里。

拓展与替代：

◆ 在幼儿自制泡泡水时，可以提供盐、糖等不能吹出泡泡的材料，引导幼儿对比实验。

◆ 让幼儿在洗手、洗脸、刷牙时注意观察是否有泡泡生成。

科学小知识

泡泡是由于水的表面张力而形成的。通常水分子间的相互吸引力比水分子与空气之间的吸引力强，这些水分子就像被黏在一起一样，但如果水分子之间过度黏合在一起，泡泡就不易形成了。洗衣粉"打破"了水的这种表面张力，它把表面张力降低到只有通常状况下的1/3，而这正是吹泡泡所需的最佳张力。

泡泡水的调配比例会影响吹泡泡的效果。一般，以2份餐洗净加6份水调出的泡泡水即可使用。甘油是一种吸湿液体，它与

水结合会形成一种较弱的化学黏合剂，减缓水的蒸发速度。因此，为了使泡泡不那么快消失，可以在泡泡水里放入一些甘油。通常情况下，吹泡泡溶液最佳配方为：2份餐洗净、6份水和1～4份甘油。

透过泡泡我们能够看到七彩光，这是因为光线穿过肥皂泡的薄膜时发生折射的缘故。

活动8 吹泡泡

适合班级：中、大班

材料准备：铁丝、钳子、棉线、自制的泡泡水、大小不同的吸管

制作方法：

(1) 把铁丝弯成小勺做成吹泡泡工具（缠上棉线效果更好）。

(2) 自制的吹泡泡工具可以做成半圆形、三角形等不同形状。（见"吹泡泡图1"）

实验操作：

(1) 让幼儿用不同大小的吸管自由吹泡泡玩。可以把吸管插入泡泡水中吹气，会看到泡泡层出不穷地冒出来（见"吹泡泡图2"）；也可以在泡泡水里蘸一下吸管，然后拿出来把泡泡吹在桌子上，看谁吹的泡泡坚持的时间长；还可以让幼儿把吸管轻轻地插入泡泡中向里慢慢吹气，泡泡会慢慢变大。（见"吹泡泡图3"）

(2) 让幼儿用自制工具吹泡泡玩，比比谁的泡泡最大。

教师指导建议：

● 教师提醒幼儿注意观察：虽然自制的吹泡泡工具形状不同，但是吹出来的泡泡却都是圆形的。

● 引导幼儿观察吹泡泡工具的共同特点：有孔或者有缝隙。

拓展与替代：

◆ 引导幼儿观察生活中还有哪些材料和工具能吹出泡泡，例如：苍蝇拍、漏勺、鞋刷等。

◆ 尝试将生活中的其他材料变成吹泡泡工具，如在树叶上穿孔等。

🔬 **科学小知识**

泡泡的形成是一个充气的过程，所以泡泡的内气压略大于外气压，由于内气压有向外的力，且在各个方向上都有；加上泡泡这种物质的"柔软"程度，要使得这些力最后能够达到平衡，只

有球状才能满足条件。所以不管什么形状的吹泡泡工具,吹出来的泡泡看似都是圆的。而上面的情况是在球形足够小的时候的理想情况,实际上一个球形的"上表面"和"下表面"接触到的大气压力不一样,同时它本身有重量,所以这个球形并不完美。换言之,如果泡泡足够大,它就会显得很扁。此外,吹出来的泡泡大小与吹的力量、吹具等因素有关。

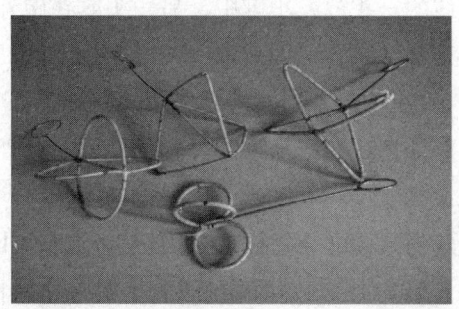

吹泡泡图1

吹泡泡图2

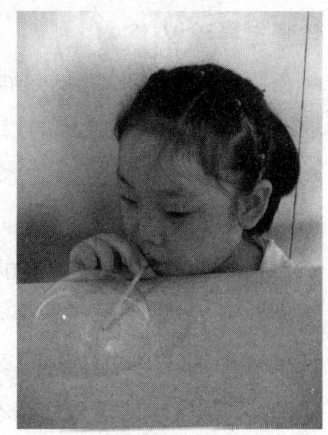

吹泡泡图3

活动9 冻冰花

适合班级：小、中、大班

材料准备：小碗、棉线、亮光纸纸屑、水

制作方法：

(1) 在小碗中放入亮光纸纸屑，并倒满水。

(2) 将棉线的一头放入小碗中，另一头露在碗外面。

(3) 将小碗放入冰箱冷冻（如果是冬季，最好放在室外自然冷冻）。

(4) 冻好后，把冰花提出来即可。（见"冻冰花图1"）

实验操作：

(1) 把冻好的冰花挂在树枝或者阳台上，请幼儿一起欣赏。

(2) 让幼儿到户外把冰花放在地上拉着玩，摩擦产生的热量会使冰融化，在地面上留下一条水痕。

教师指导建议：

● 在制作和操作冰花的过程中，帮助幼儿体验水遇冷凝结成冰、冰遇热又化成水的过程。

● 提醒幼儿在选择纸屑做冰花时，要选择不怕水的纸。

拓展与替代：

◆ 鼓励幼儿选择各种漂亮的纸或者小玩具、花瓣等材料，将它们放入碗中冻冰花（见"冻冰花图2"）；也可以让幼儿在水中加入各色颜料，看谁的冰花最漂亮；还可以让幼儿选择不同形状的容器，冻不同形状的冰花（球状、三角状等）。

◆ 和幼儿一起观察冬季路面结的冰、屋檐上冻出的冰凌以及雾凇，进一步感受水遇冷结冰的现象。

科学小知识

冻冰花的过程就是水遇冷结成冰的过程,如果我们选择不同形状的容器,会出现不同形状的冰花。

雾凇,俗称树挂,是北方冬季可以见到的一种类似霜降的自然现象,是一种冰雪美景。它是由于空气中温度低于零度却没有冻结的雾滴随风在树枝等物体上不断积聚冻结的结果,表现为白色不透明的颗粒状结构沉积物。雾凇现象在我国北方很普遍,在南方高山地区也很常见,只要雾中有冷却的水滴,并达到一定温度就可形成。

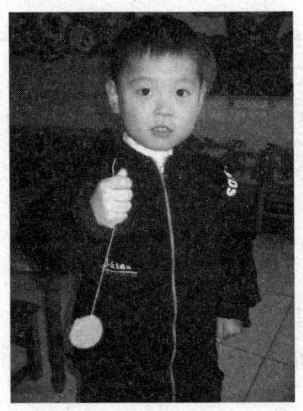
冻冰花图1

冻冰花图2

活动 10 旋转的小花

适合班级：中、大班

材料准备：硬塑料板、不同颜色的乒乓球、水、剪刀

制作方法：将乒乓球沿横切面剪开，然后沿边缘分别剪成锯齿状，做成小花。（见"旋转的小花图 1"）

实验操作：

（1）在一个乒乓球小花的底部蘸一点水，然后把这个乒乓球小花放在硬塑料板上。

（2）让幼儿双手握住塑料板的两边，慢慢倾斜塑料板，就会看到乒乓球小花快速旋转起来。（见"旋转的小花图 2"）

（3）取一个没有蘸水的乒乓球小花并把它放在塑料板上，让幼儿倾斜塑料板，观察小花的旋转与蘸过水的小花的旋转有什么不同。

或者

让幼儿同时在塑料板上放两个以上的蘸过水的乒乓球小花，并让它们同时旋转起来，看谁转的时间长，谁转的乒乓球小花的数量多。

或者

让两名幼儿共同操作一个塑料板，协同让蘸过水的小花旋转起来。（见"旋转的小花图 3"）

教师指导建议：

- 提示幼儿慢慢倾斜塑料板，防止小花掉下来。
- 着重让幼儿观察比较没有蘸水的乒乓球小花和蘸了水的乒乓球小花旋转起来有什么不同。

拓展与替代：

◆ 可以用其他圆底的材料代替乒乓球做小花进行游戏。

◆ 可以用不同质地的材料做托板，看哪种材料更容易让小花旋转起来。

科学小知识

当我们倾斜塑料板时,乒乓球会在重力的影响下向倾斜的方向旋转,由于乒乓球底部蘸了水,水会减少乒乓球与塑料板之间的摩擦力,所以乒乓球能够快速地旋转起来,并在自转的同时沿水痕公转。由于水具有表面张力,所以当我们倾斜的角度适当时,乒乓球不会转出塑料板。

旋转的小花图1

旋转的小花图2

旋转的小花图3

第二单元 幼儿园科学探索活动

活动11 自制喷泉

适合班级： 中、大班

材料准备： 两个大一些的空饮料瓶（如雪碧瓶）、大头钉、水

制作方法：

（1）在一个雪碧瓶的瓶身一侧竖排用大头钉扎若干个直径大小相同的小孔。

（2）在另一个雪碧瓶的瓶盖上扎数个直径大小不同的小孔。

实验操作：

（1）让幼儿在第一个瓶子中装满水，水会从瓶身的小孔中喷出来，且水喷射的距离不同。（见"自制喷泉图"）

（2）让幼儿在第二个瓶子中也装满水，并拧紧瓶盖，然后用力挤压瓶身，水会像喷泉一样从上面喷出来。

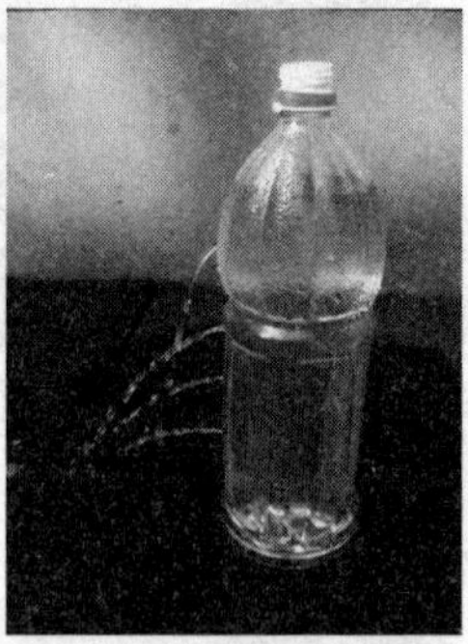

自制喷泉图

教师指导建议：

- 操作第一个瓶子时，教师要注意引导幼儿观察哪个小孔喷出的水射得远，哪一个小孔喷出的水射得近，请幼儿记录自己观察到的结果。
- 操作第二个瓶子时，教师要引导幼儿感受用力大小对形成喷泉大小的影响。

拓展与替代：

有条件的幼儿园可带领幼儿观察户外喷泉。

科学小知识

水的压力由水的深度决定，水越深，水压就越大；水越浅，水压就越小。所以，在瓶身上的小孔直径相同的情况下，从瓶子底部喷出的水喷射得最远，顶部喷出的水射出的距离最近。此外，当用力挤压瓶身时，瓶子中的水同时受到压力的影响，从大小不同的小孔中喷射出来。挤压越用力，水压越大，喷泉越大。

活动 12 吸水性实验

适合班级：中、大班

材料准备：报纸、电光纸、纸巾、牛皮纸、滴管、水盆、直尺、胶带

制作方法：成品

实验操作：

（1）把报纸、电光纸、纸巾、牛皮纸剪成大小一样的长条，然后把一端用胶带粘在直尺上，使垂下的纸条长度相同。用手拿着直尺放在水面上方，让纸条同时浸入水中，让幼儿观察哪个纸条的水上升的快，就说明它的吸水能力强。（见"吸水性实验图1"）

（2）将这四种不同的纸平铺在桌子上，同时在每一张纸上滴等量的水滴，看看在哪一种纸上水滴扩散得最快。（见"吸水性实验图2"）

教师指导建议：

- 活动前，教师应和幼儿一起观察不同种类的纸，了解其特性。
- 选用的纸的质地差别要大，以便让幼儿看到明显的实验效果。
- 为了保证实验的科学性，注意要"同时"对这四种纸进行操作。

吸水性实验图1

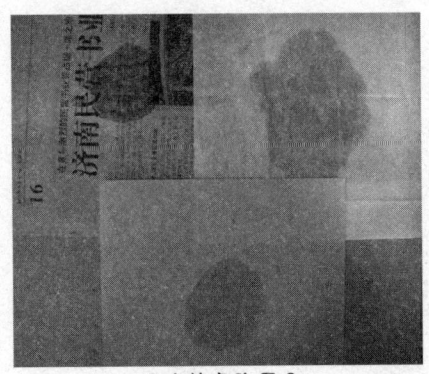

吸水性实验图2

拓展与替代：

除了各种各样的纸以外，教师还可以提供其他材料，如海绵、毛巾、布等进行对比实验。（为了使实验观察到的效果更加明显，建议使用相同大小的材料。）

科学小知识

纸的植物纤维内部有许多微小的孔洞，同时纤维对水的吸引力又大于水分子之间的吸引力，使它可以在重力作用下吸引并保留水分子，这就叫纸的吸水性。因为不同纸的植物纤维的孔洞大小和数量不同，所以它们吸水的强度也就不同。

活动 13　不沉的纸船

适合班级：大班

材料准备：白纸、蜡笔、盛了水的水盆

制作方法：选择两张大小相同的白纸，将其中一张叠成纸船；用蜡笔把另一张白纸正反两面涂满颜色，然后也叠成纸船。

实验操作：

把两只纸船同时放入水盆中，让幼儿观察一段时间，比比看哪一只纸船最终不会沉入水底。

教师指导建议：

- 用蜡笔涂色时，教师应注意提醒幼儿涂色要均匀、饱满，以保证实验的效果。
- 教师和幼儿一起讨论涂了蜡的纸船不下沉的原因，教师可以同时把水滴在蜡笔和纸上，让幼儿观察对比：纸吸水，蜡不吸水。

拓展与替代：

◆ 请幼儿搜集各种各样的纸，如牛皮纸、挂历纸、硬卡纸等，做成大小一样的纸船进行对比实验，看哪一种纸船下沉速度最慢。可以请大班幼儿边实验边记录，采用"预测结果—实验验证"的形式记录。

◆ 请幼儿想办法把这些怕水的纸船变成不怕水的纸船。

科学小知识

当我们用蜡笔把白纸涂满色之后，就相当于在白纸上覆盖了一层蜡。因为蜡的密度比水小，并且蜡是脂溶性的，不溶于水，所以涂了蜡的纸船不会被水浸透下沉。

活动 14 帆船竞速

适合班级：中、大班

材料准备：分别用硬纸卡和泡沫制作而成的帆船、水、盆、扇子、充气筒等

制作方法：成品

实验操作：

（1）吹帆船比赛：两名幼儿各有两艘帆船，先进行纸帆船的同向比赛，让幼儿从水的一端吹向另一端，看谁先吹到终点。再进行泡沫帆船的同向比赛，让幼儿感受哪种材料制作的帆船吹起来更省力。然后让两人分别从两个方向吹同一艘帆船，看谁能把船吹到对方一边。（见"帆船竞速图1"）

（2）扇帆船比赛：让幼儿用扇子扇动纸船，探索从哪个方向扇动，帆船跑的速度快，两名幼儿可进行比赛。（见"帆船竞速图2"）

（3）让幼儿用充气筒吹动帆船，观看其运行速度。了解给帆船的外力越大，帆船的速度越快。（见"帆船竞速图3"）

教师指导建议：

- 吹帆船时，提醒幼儿注意方向和方法，吹的时间不要太长，以免头晕。
- 提醒幼儿注意扇风的力度和打气筒吹的方向与船行进的方向和速度的关系。

拓展与替代：

◆ 用方便面盒、快餐盒等废旧物品制作小帆船进行游戏。

◆ 搜集各种帆船模型、图片让幼儿观赏，或让幼儿观看帆船比赛、航模比赛的视频资料。

科学小知识

帆船是利用风力的基本动力在水上行驶,并由人来操控改变方向前进的。船手一手操作舵杆,一手操控悬挂在垂直于船身上的桅杆的帆面角度来推动帆船前进。帆船行驶都是逆风而行,行驶方向与波浪的方向垂直,这样行驶才安全稳定。

帆船竞速图1

帆船竞速图2

帆船竞速图3

活动 15　橡皮筋游艇

适合班级：中、大班

材料准备：塑料泡沫、橡皮筋、硬纸板、透明胶带

制作方法：

（1）将塑料泡沫削成小船的造型，尾部中间挖一个长方形孔。

（2）剪一张硬纸板如图折叠好后，中间穿过橡皮筋，再把连接处粘好，做成螺旋桨。（见"橡皮筋游艇图1"）

（3）将螺旋桨上的橡皮筋拉到船身上，游艇就做好了。（见"橡皮筋游艇图2"）

实验操作：

（1）让幼儿用手不停地旋转桨叶，使橡皮筋上足弦，然后把游艇放入水中，松开手，游艇就会在水中航行起来。

（2）让两名幼儿进行游艇航行比赛，看谁的游艇行驶得快。

教师指导建议：

- 引导幼儿探索发现游艇在航行时螺旋桨发挥的作用。
- 引导幼儿注意观察橡皮筋拧的松紧程度与游艇航行速度以及航行距离间的关系。
- 提醒幼儿注意橡皮筋不要拧得过紧，防止绷断。

拓展与替代：

◆ 可以用弹性不同的橡皮筋和软硬程度不同的塑料片来制作螺旋桨，探索它们与游艇航行速度的关系。

◆ 让幼儿观察生活中电风扇的叶片，快艇、游轮行驶时螺旋桨的样子，或让他们观看相关视频资料，丰富相关知识。

科学小知识

螺旋桨是靠桨叶在空气或者水中旋转将发动机转动功率转化为推进力的装置，有两个或多个桨叶，叶片的向后一面为螺旋面或近似于螺旋面。橡皮筋具有一定的弹性，它被旋转紧后要恢复成原来的样子，就会产生一个力量，这个力量带动叶片转动，而

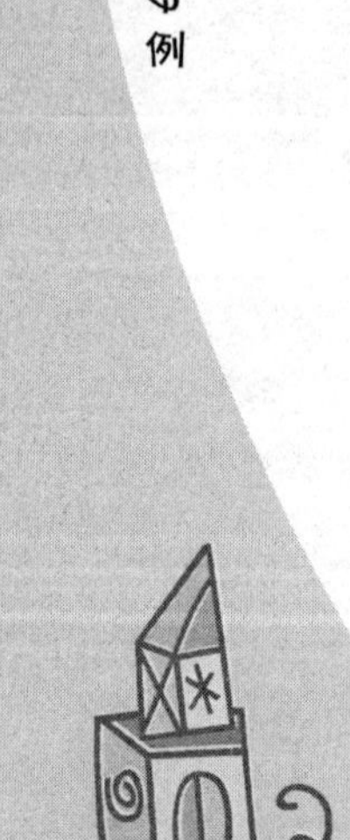

叶片转动会将水翻动起来，从而推动游艇向前航行。飞机与船都是靠螺旋桨装置来进行发力，带动机身或船身前进的。

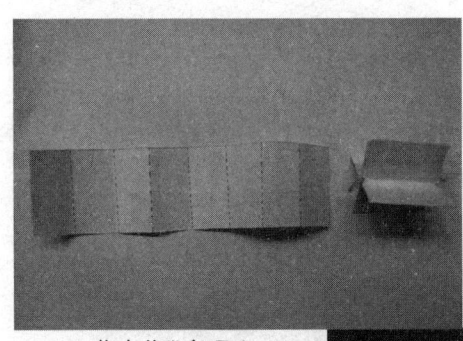

橡皮筋游艇图1

橡皮筋游艇图2

活动16　好玩的压水机

适合班级：中、大班

材料准备：压水机

制作方法：成品

实验操作：

请幼儿用压水机压水，看怎样能压出更多的水。（见"好玩的压水机图"）。

好玩的压水机图

教师指导建议：

引导幼儿学会使用压水机，并体验用力大小与压出水量的关系。

拓展与替代：

◆ 搜集有关水井的资料，帮助幼儿了解各地人们不同的取水方式。

◆ 有条件的幼儿园可以组织幼儿参观自来水厂，了解自来水的提取过程。

科学小知识

压水机也叫活塞式抽水机，它采用杠杆来推动。压水机内有两个活门，一个在吸管的顶部，另一个在活塞上。往下压杠杆提高活塞时，活塞上的活门关闭，压水机筒内便形成空气稀薄的空间，这时吸管内的活门打开，大气压将水从低处压入这个空间。杠杆还原时，活塞压下，吸管处的活门关闭，活塞上的活门打开，水就会流到活塞上方。当再次压下杠杆时，活塞上升，活塞上方的水便经由吹水口喷射出去。

活动 17　水车转转转

适合班级：中、大班

材料准备：水车、小碗、水盆、水

制作方法：成品

实验操作：

把水车放在水盆里，用小碗向水车倒水，水流使水车转轮旋转起来。（见"水车转转图 1"）

教师指导建议：

- 引导幼儿观察水量的多少对水车转动的影响。
- 告诉幼儿古代人们用水车来进行农业灌溉，并展示相关图片或视频。
- 鼓励幼儿和同伴一起进行游戏，看怎样能让水车转得快，感受水的流动性和玩水的快乐。

拓展与替代：

◆ 鼓励家长利用饮料瓶、筷子等材料和孩子一起动手自制水车。（见"水车转转图 2"）

水车转转图 1

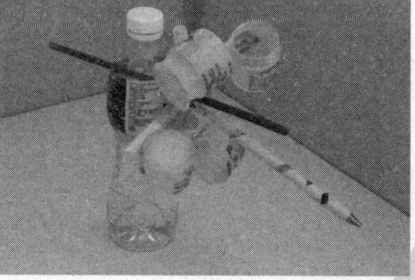

水车转转图 2

◆ 建议家长有机会可以带幼儿观察水车，或者上网搜集水车、水力发电的资料。

科学小知识

水车又称孔明车，是我国最古老的农业灌溉工具。相传汉灵帝时华岚造出其雏形，经三国时孔明改造完善后在蜀国推广使用，隋唐时广泛用于农业灌溉，至今已有1700余年历史。

水车转轮每根辐条的顶端都带着一个刮板和一个水斗。刮板刮水，水斗装水。河水冲来，缓缓转动水车，一个个水斗被装满了河水，并就着水势被逐级提升上去。临顶，水斗又自然倾斜，将水注入渡槽，水便沿着渡槽流到需要被灌溉的农田里。

活动18 玩水枪

适合班级：小、中、大班

制作材料准备：各种水枪（见"水枪图1、2"）

制作方法：成品

实验操作：

把水枪灌满水，看谁的水枪喷射得最远。

教师指导建议：

● 教师应提醒幼儿不要对着小朋友玩水。

● 可组织幼儿用水枪给花草树木浇水。

拓展与替代：

◆ 指导幼儿用水枪在地上喷画。

◆ 提供各种喷水壶让幼儿浇花。

科学小知识

水枪的射程与枪内压力成正比，推的力量增大了枪内的压力，推的力量越大，枪内的压力越大，水枪的射程越远。

水枪图1

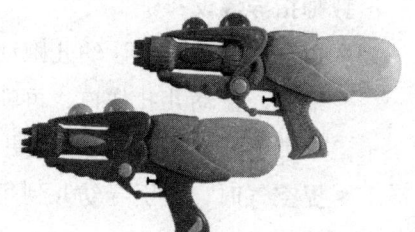

水枪图2

主题二 空气和风

活动 19 空气在哪里

适合班级： 中、大班
材料准备： 各式各样的塑料袋、土、盆、水
制作方法： 成品
实验操作：

（1）请幼儿打开塑料袋在室内或到室外去捉空气，捉住后把塑料袋口攥紧，然后朝着自己的脸放开，感受空气的存在，或者让幼儿扎住塑料袋口，观察了解空气看不见、无色无味的特性。（见"空气在哪里图1"）

（2）把土块放入水盆中，请幼儿观察土中是否有气泡冒出，了解土壤中也有空气。

教师指导建议：

- 捉空气时，最好让幼儿跑动起来，等塑料袋被空气充盈起来后，让幼儿扎住口，再朝着脸打开塑料袋。这样空气释放带动的空气流会给幼儿更深刻的感受。
- 捉空气时，要引导幼儿到每一个角落都试一试，并提醒幼儿注意安全。
- 把土块放入水中时提醒幼儿认真观看，不要用手去触摸。

拓展与替代：

◆ 可以用充气筒给各种充气玩具打气，或者用扇子扇风等其他形式来让幼儿感受空气的存在。
◆ 和幼儿一起动手制作风车，并尝试让幼儿用吸管吹风车使风车转动，以此来让幼儿感受空气的流动。（见"空气在哪

里图 2")

科学小知识

在我们的生活中，空气无处不在。它是由多种气体组成的混合物，主要包括氮气、氧气、稀有气体和二氧化碳等，其中，氧气约占 21%、氮气约占 78%。绝大多数的生物需要呼入氧气，呼出二氧化碳。绿色植物能够通过光合作用吸收二氧化碳，产生氧气，所以花草树木是我们的朋友，植物越茂盛的地方，空气往往越新鲜。

空气在哪里图 1

空气在哪里图 2

活动 20　不湿的手绢

适合班级：中、大班
材料准备：透明玻璃杯、小手绢、一盆水
制作方法：成品
实验操作：

（1）让幼儿把小手绢塞到玻璃杯的底部，塞紧，然后把玻璃杯口朝下垂直放入盛有水的盆中，过一会儿后再垂直拿出，让幼儿观察玻璃杯中的手绢会不会被水浸湿。

（2）让幼儿拿两个同样底部塞紧手绢的玻璃杯，并同时放入水中，一个垂直放入，另一个倾斜放入，让幼儿观察玻璃杯中手绢的变化。（见"不湿的手绢图"）

不湿的手绢图

教师指导建议：

● 提醒幼儿手绢一定要在玻璃杯的底部塞紧，这样倒立玻璃杯时手绢才不容易掉下来。

● 引导幼儿在第一次把玻璃杯放入水中时一定要垂直于水面放入，否则手绢就会被水浸湿。

● 当幼儿把玻璃杯倾斜放入水中时，请幼儿观察进入玻璃杯的水，会看到有泡泡冒出，这是空气跑出来了。

拓展与替代：
◆ 可以用各种各样的纸或布代替手绢塞入瓶中。
◆ 引导幼儿探索怎样倾斜杯子，才能使杯中灌水速度最快。

科学小知识

杯子里除了手帕外，还充满了空气，当把杯子垂直于水面放入水中时，水和玻璃杯的接触面就阻止了空气的外流，杯子内部就形成了一个封闭的空间。由于空间内空气压力的存在，水不能进入到杯子中，所以手绢就不会被水浸湿。当把杯子倾斜放入水中时，空气外流，水就可以进入到杯子中，进而弄湿手绢。

活动21 旋转的光盘

适合班级：大班

材料准备：气球、废旧水彩笔筒、光盘、吸管

制作方法：

（1）将一根废旧的水彩笔筒清洗干净，将粗的一端截去部分，使其正好卡在光盘中心的孔上，下端保持平整，且不露出光盘。

（2）把气球绑在一根吸管上并扎紧，以防止漏气。

（3）把吸管套在水彩笔筒的上端即完成制作。（见"旋转的光盘图1"）

实验操作：

拔下吸管，向气球吹满气，然后用手捏住气球口，把吸管套到水彩笔筒上，随后松开手使气球内的空气经过吸管和水彩笔筒从底端喷出，光盘就会向前旋转驶出。（见"旋转的光盘图2"）

教师指导建议：

- 将水彩笔卡在光盘中心孔时，要卡紧，避免留下缝隙影响前进的效果。
- 将吸管套在水彩笔筒上时，要套紧，避免气体从缝隙中流走。
- 可以让几名幼儿进行比赛，看谁的光盘跑得最快、最远。
- 指导幼儿探究影响光盘转动速度的因素有哪些，如气球气

旋转的光盘图1

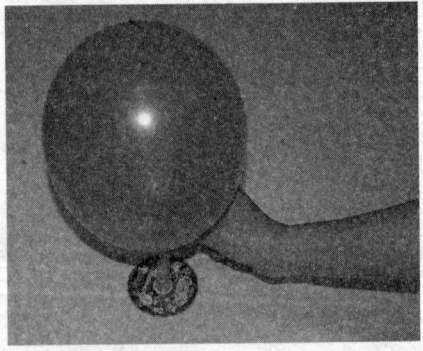

旋转的光盘图2

体的多少、地面的光滑程度和光盘自身重量等。
- 注意吸管口的卫生消毒。

拓展与替代：

也可以用蛋糕盘、卡纸、纸盒等代替光盘，让幼儿实验用哪种材料前进得距离更远。

科学小知识

气球被放开时，气流猛地向外喷出，在气流的带动下光盘不停地旋转着前进。气球内空气越多，气流越强，光盘旋转的速度越快；随着气球内气流压力的减弱，光盘转动的速度逐渐减弱，直至停止，这与气垫船在水中上升、下降的原理是一致的。

活动22　火箭上天

适合班级：中、大班

材料准备：纸筒、塑料袋、纸

制作方法：

（1）将一张纸卷成一个尖筒，制作成火箭的样子。

（2）在纸筒一端套上一个塑料袋并用皮筋扎好，做成发射器。（见"火箭上天图1"）

实验操作：

让幼儿通过纸筒向塑料袋内吹满气，并把塑料袋口用手攥紧，防止空气外泄。然后，让幼儿把火箭放在纸筒的另一端，并向上托着塑料袋，随后挤压塑料袋并放开塑料袋口，利用空气的冲力把火箭发送上天。（见"火箭上天图2"）

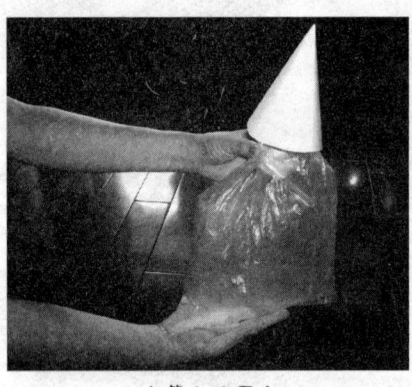
火箭上天图1

火箭上天图2

教师指导建议：

（1）提醒幼儿火箭发送时要向天空发射，不要对着小伙伴。

（2）引导幼儿发现用力大小、袋内空气多少与火箭升空的高度的关系。

拓展与替代：

可以用矿泉水瓶、牛奶盒等材料做发射器，用力挤压塑料袋

促使火箭上天。

科学小知识

当用手挤压塑料袋时,袋中的气体猛地向上喷出,产生的力量推动火箭飞上天空。袋内的气体越多,用力越大,火箭飞得越高。

活动23 彩球升空

适合班级：大班

材料准备：气球、透明塑料板、扇子、纸盒

制作方法：

（1）把透明的塑料板做成直筒，密封粘牢，避免漏气。

（2）在纸盒上方挖一个比直筒口略小的口，然后将直筒固定在纸盒上面。

（3）在纸盒的侧面再剪一个口作为进风口，制作即完成。

实验操作：

将吹满气并扎好口的气球放入透明直筒内（数量根据纸筒的高度决定），取扇子对准进风口处扇风，把直筒内的气球扇出。（见"彩球升空图"）

教师指导建议：

- 引导幼儿发现风力的大小与气球升空的关系，指导幼儿学会控制自己的动作。
- 可组织幼儿进行比赛，在有限时间内，看谁扇出的气球最多。

彩球升空图

- 提示幼儿注意扇风的角度和方向。

拓展与替代：

也可以用大饮料瓶制作通道，或者让通道有一定弯度，提高游戏难度。

科学小知识

扇子扇动空气，使空气流动形成风，推动气球在通道内运动。只要角度适宜，扇风的力气越大，气球就越容易飘出。但是，如果扇动的风不连续，气球则很容易起来又落下，飘不出通道，无法升空。

活动 24　好玩的充气游戏

适合班级：大班

材料准备：各式各样的打气筒（见"好玩的充气游戏图 1"）、各种充气玩具

制作方法：成品

实验操作：

（1）让幼儿学会使用不同的打气工具给相同的玩具充气，看谁充的速度快。

（2）请幼儿自选不同的打气工具进行充气球比赛，在相同时间内看谁充起的气球多。

教师指导建议：

- 请幼儿控制好充气的力度，避免气球爆炸伤到自己。
- 注意幼儿用嘴吹气球时的卫生。

拓展与替代：

◆ 把饮料瓶剪成花瓶状，里面装上碎纸，在饮料瓶下端剪一个孔（大小以碎纸掉不下来为宜），然后在小孔下面粘贴一个上下两面都没有底的纸筒，纸筒的一侧开一个小孔，大小与打气筒的出气口相当，然后用打气筒打气，玩"天女散花"的游戏；也可以直接把打气筒的出气口对准饮料瓶下面的小口。（见"好玩的充气游戏图 2"）

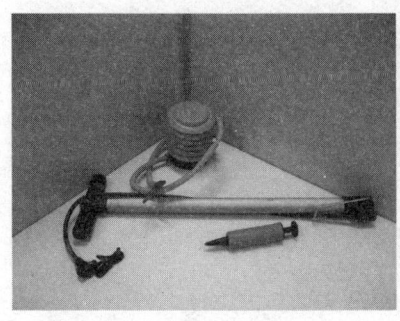

好玩的充气游戏图 1

好玩的充气游戏图 2

◆ 生活中注意提醒幼儿观察汽车、自行车、电动车是怎样充气的。

科学小知识

打气筒各式各样，有踩踏式、手动式，还有电动式。实际上，打气筒就是一个最简单的单向阀，当打气筒拉杆被向上提起时，装在拉杆下端的皮碗收缩，空气即从气筒盖上的小孔（有的没有孔，则是从拉杆与盖的间隙较大处）进入气筒内；将拉杆往下压时，皮碗扩张并贴紧气筒内壁将空气往下压，气体只能从气筒底部的小孔顺着皮管进入所要充气的地方。如此往返循回，完成充气过程。

活动 25 可爱的充气动物

适合班级：小、中班

材料准备：塑料袋（保鲜袋）、动物五官粘贴纸

制作方法：

（1）将塑料袋充满气，让其变圆变鼓，然后扎紧口。

（2）根据塑料袋的形状，让幼儿粘贴上相应的动物五官，一个可爱的充气动物就做好了。（见"可爱的充气动物图"）

实验操作：

在充气动物的下面拴上绳，让幼儿拿绳拉着小动物进行追逐游戏。

或者

让幼儿进行角色表演，把充气小动物作为故事角色进行表演游戏。

可爱的充气动物图

教师指导建议：

- 给塑料袋充气后一定要用绳扎紧袋口，避免空气漏出。
- 幼儿可根据自己的意愿任意装饰小动物，教师可为小班幼儿准备好剪好的五官，幼儿自己贴上即可。

拓展与替代：

也可以用彩色塑料袋、气球制作充气动物。

科学小知识

空气在密封的空间里不容易流泄，充气材料和密封口的材料越好，空气在里面保存的时间越长，孩子们玩的充气玩具都是利用这一原理制成的。

活动 26 不落的气球

适合班级：大班
材料准备：气球、纸板、绳子
制作方法：成品
实验操作：
发给每个幼儿一个气球，让他们想办法不让自己的气球从天空落下来，看谁坚持的时间长。

或者

将幼儿分成两组，给他们一个气球，两组中间有一条绳子，每一组队员要争取让气球落在对方场地。（见"不落的气球图"）

教师指导建议：
- 提醒幼儿游戏时注意安全。
- 提醒幼儿自己探索托气球的技巧。

不落的气球图

拓展与替代：
◆ 给幼儿人手一把扇子，进行扇气球比赛。
◆ 引导幼儿观察节日放飞的各种各样的气球。
◆ 引领幼儿在户外玩气球，感受风对气球的影响。

科学小知识

因为气球被充满气以后体积变大，当风吹来时，与不充气相比，充满气的气球受到的风吹的力更大。在气球下方向上扇风，气流就会托着气球向上，气球不容易落地。扇子扇风的位置与用力的大小决定气球飘的方向与高度。

活动 27 帮气球找家

适合班级：中、大班

材料准备：贴有数字的气球、扇子

制作方法：成品

实验操作：

（1）在地上画好格子，格子内标有数字，与气球上的数字一一对应。

（2）两名幼儿一组，一名幼儿说"请帮××号气球找家"，另一名幼儿拿扇子把标有相应数字的气球扇到对应的数字格内。一遍游戏完毕，两名幼儿交换角色进行。（见"帮气球找家图"）

<u>或者</u>

让两名幼儿进行比赛，从一条线出发，两人同时按指令各帮一个气球找家，看谁找得又对又快。

帮气球找家图

教师指导建议：

- 请幼儿观察好气球的家在哪里，找最近的路线扇气球进家。
- 鉴于气球落在地上容易弹起来，告诉幼儿在给气球找家的时候，要以气球第一次落下的位置为准。
- 提醒幼儿探索扇气球的力度、方向与气球运动速度以及着地点之间的关系。

拓展与替代：

可以用充好气的小动物玩具代替气球，然后在地上画不同的图案作为小动物的"家"，以增强游戏的趣味性。

科学小知识

扇子扇动使空气流动带动气球运动，扇子扇风的位置决定风的方向，也就是气球运动的方向。在气球正后方扇风，气球就会向前运动。扇风力度越大，气球跑得越快。这个游戏考验的主要是幼儿的控制力。

活动 28 气球动力车

适合班级：中、大班

材料准备：气球（大小相同的和不同的）、玩具小汽车（大小相同的和不同的）、废旧笔管、透明胶带

制作方法：

（1）把气球套在废旧笔管的一端，并用线固定住，然后经由笔管向气球吹气，吹好气球后，用笔帽或其他东西把笔管的另一端塞住，防止气体流出。

（2）用胶带将气球固定在小车上，这样气球动力车就做好了。（见"气球动力车图1"）

实验操作：

让幼儿拔掉笔帽，让小车向前行驶。

或者

让两名幼儿进行比赛，看谁的小车向前行驶得更远。

教师指导建议：

- 为幼儿提供小一些的玩具小汽车，以便让他们更深刻地感受到气流的力量。
- 当用透明胶带把气球固定在小车上时，请两名幼儿互相配合，注意提醒幼儿不要碰破气球。
- 提醒幼儿通过观察，探索出气球的大小、小车的大小与小车行驶速度、距离之间的关系。

拓展与替代：

◆ 可以将气球粘在其他大小适合的玩具上，请幼儿观察气球的大小与玩具运行速度和距离间的关系。

◆ 可以用纸板、吸管、细铁丝自制小车。（见"气球动力车图2"）

科学小知识

气球是用橡胶制成的，具有很好的伸缩性。当将笔帽拔开时，膨胀的气球就会自动收缩，气球里的空气会猛地向外排出，产生

一股力量,这个力量就是玩具小车行驶的动力。在玩具小车大小不变的情况下,气球内的气体越充足,这个动力就会越大,玩具小车行驶的速度就越快,跑得就越远。在气球内气体多少不变的情况下,玩具小车越小,行驶的速度越慢,距离越近。

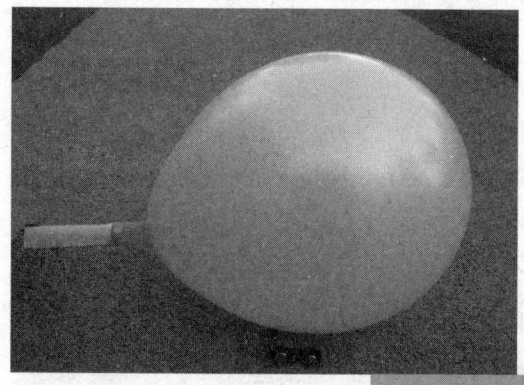

气球动力车图1

气球动力车图2

活动 29 蜡烛为什么会熄灭

适合班级：大班
材料准备：大小不同的广口瓶以及大小、粗细相同的小蜡烛
制作方法：成品
实验操作：

（1）点燃一根小蜡烛后，用广口瓶罩住，观察蜡烛的变化，让幼儿了解蜡烛燃烧需要空气。

（2）同时点燃两根小蜡烛，然后用大小不同的两个广口瓶同时罩住，让幼儿观察比较，看哪根蜡烛燃烧的时间最长。（见"蜡烛为什么会熄灭图"）

蜡烛为什么会熄灭图

教师指导建议：

- 引导幼儿观察发现瓶子的大小不同，里面的空气多少不同，所以蜡烛燃烧的时间的不同。
- 初步引导幼儿了解空气助燃的特性。
- 提醒幼儿注意安全，防止烫伤或烧伤。

拓展与替代：

◆ 请幼儿观察生活中的其他事物，了解它们发生的一些变化都离不开空气。

◆ 可以找几段大小、粗细相同的蜡烛代替小蜡烛，进行实验。

科学小知识

空气是人类和一切动植物的生命支柱，也是重要的自然资源。蜡烛燃烧需要的是空气中的氧气，用杯子把蜡烛罩住，隔绝了空气，蜡烛在用完杯内的氧气之后就会因为缺氧而逐渐熄灭。在蜡烛大小、粗细相同的情况下，大杯子里面的空气较多，所以蜡烛燃烧的时间较长。

活动 30 风车转转转

适合班级：中、大班

材料准备：各种面积相同但材质不同的正方形纸（塑料纸、硬卡纸、普通纸等）、图钉、剪刀、胶水、小木棍

制作方法：

（1）将正方形纸的四角沿着对角线向中心点剪开四条缝，注意不要剪到中心点，以免将纸剪断。

（2）将四角边缘向中心卷起，用胶水粘牢。

（3）用图钉穿过中心点，把风车钉在小木棍上。（见"风车转转转图1"）

实验操作：

（1）让幼儿对着风车吹气，看怎样吹才能让风车转动。

（2）让幼儿手持风车跑动，看风车怎样能转得更快。

（3）让幼儿拿着风车使其顺着风、逆着风、侧着风转动，看在哪种情况下风车转动得更快一些。

教师指导建议：

- 在幼儿吹风、跑动的过程中，让幼儿明白空气的流动形成风。
- 为幼儿提供由不同材质制作成的风车，引导幼儿发现不同材质的风车在风力大小相同的情况下转动速度的差异。
- 请幼儿探索风车转动的速度与跑动速度、风向的关系。
- 制作风车时，教师可帮助幼儿扎图钉，提醒幼儿注意安全。

拓展与替代：

◆ 搜集各种风车，让幼儿进行接力比赛。（见"风车转转转图2"）

◆ 鼓励幼儿用各种方式，比如用嘴吹、扇子扇、打气筒吹等吹动风车旋转。

科学小知识

风车的风叶形状一边高，一边低，可以使风在风叶表面往一个方向吹动，带动风车转动。风越大，风给风叶的转向力就越大，风车转得就越快。在风力相同的情况下，风车的转速与制作材料有关，材料越轻、越薄、越硬，风车转动越快；与风向有关，风从风车正面吹来时转速最快，从背面吹来时最慢，从其他方向则相差不大；还与风车的大小有关，在相同材质的情况下，小风车比大风车转得快。此外，风车叶片剪的角度、方式也会影响转速。

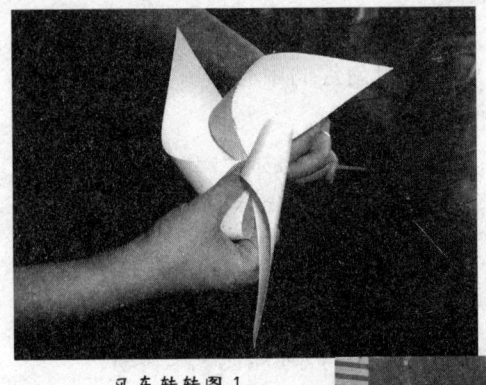

风车转转图 1

风车转转图 2

活动 31　自制风向标

适合班级： 大班

材料准备： 吸管、卡纸、顶端为珠子的大头针、塑料珠子、带橡皮擦的铅笔

制作方法：

（1）将吸管两头分别剪开一条缝隙。

（2）用卡纸分别剪一个小三角形和一个大三角梯形做风向标的箭头（小三角）和箭尾（大三角梯形），并把它们插在吸管两头。

（3）将大头针插入吸管中间，并穿过一颗珠子，插在铅笔的橡皮擦上。

（4）把铅笔固定在一个位置,标明东、西、南、北,风向标即制作完成。（见"自制风向标图"）

自制风向标图

实验操作：

把风向标放在户外高处，根据箭头指的方向来判断风向。

教师指导建议：

- 引导幼儿注意观察风向与风向标箭头所指方向的关系，了解箭头所指的方向就是风向。
- 提醒幼儿，吸管和上下塑料珠之间不要挨得太紧，以吸管能自由转动为宜。

拓展与替代：

◆ 可用小旗、布条、纸条等来制作简易风向标。

◆ 有风的时候引导幼儿观察物体（如树枝）的摆动，以此来判断风向。

科学小知识

风是有方向的，风吹来的方向即为风向。风向标是一个不对称形状的物体，重心点固定于垂直轴上。当风吹过，对空气流动产生较大阻力的一端（箭尾）便会顺风转动，使风向标的箭头永远指向风的来源。其原理其实非常简单：箭尾受风面积比箭头大，若箭头及箭尾均受风，箭尾必会被风推后，使箭头移往风的来源。

活动 32　自制风速仪

适合班级：大班

材料准备：瓶盖（大小相同）、吸管（长短、粗细相同）、软木塞、顶端为珠子的大头针、塑料珠

制作方法：

（1）将两根吸管交叉插在一起呈十字状。

（2）用强力胶将瓶盖固定在吸管的两头，瓶盖朝向如图所示。

（3）将大头针穿过吸管中心，再穿过塑料珠扎在软木塞上，风速仪就做好了。（见"自制风速仪图"）

实验操作：

把风速仪放在室外，根据它的转速大致估计风力大小。

自制风速仪图

教师指导建议：

- 提示幼儿制作风速仪时，瓶盖要朝着逆时针方向粘贴。
- 提醒幼儿，吸管和上下塑料珠之间不要挨得太紧，以吸管能自由转动为宜。

拓展与替代：

◆ 也可以用风车的转速来判断风速的快慢。

◆ 引导幼儿在生活中观察被风吹动的物体的摆动快慢，以此来估算风力的大小。

科学小知识

风流动的快慢决定了风速的大小。我们能够根据风速仪的转速快慢来确定风力大小，风速仪每分钟转动的次数多，就表明风速快，反之亦然。有时候风速急速增加时，可能预示着会有大雨或暴雨来临。

活动 33　做风筝

适合班级：大班

材料准备：硬卡纸、吸管、水彩笔、剪刀、细绳、胶棒

制作方法：

(1) 让幼儿在硬卡纸上画出自己设计的风筝形象，涂色并沿轮廓剪下，在下面粘上一些细纸条做出风筝的尾巴。

(2) 把吸管粘在卡纸后面，两根吸管成十字状。

(3) 将绳子拴在吸管上，风筝即制作完成。（见"做风筝图1"）

实验操作：

让幼儿到室外去放风筝，看谁的风筝飞得高。

教师指导建议：

● 指导幼儿把风筝做得大一些，装饰得漂亮一点，绳子的另一端可以缠在一根小棍上，放风筝时边跑边放线。

● 提示幼儿顺风或逆风跑动，看看如何让风筝飞得高。

● 请家长多带幼儿到户外放风筝，感受放飞风筝的乐趣。

拓展与替代：

◆ 可用小木棍、竹条、细铁丝等做风筝的骨架。

◆ 在塑料袋上绑根绳子，小班幼儿就可玩放风筝游戏。

◆ 有条件的幼儿园可在园内布置风筝展览，或搜集风筝博览会的视频、图片资料供幼儿观赏。（见"做风筝图2"）

做风筝图1

做风筝图2

科学小知识

风筝在有风的天气下才有可能飞起来。风筝上天有两个必要的条件：一是风力；二是牵引力。放风筝的时候，一般是一牵一放。牵的时候，因为风筝提线一般放在风筝面靠上的位置，加大牵引力可以使风筝角度变小，使风筝的上扬力增加，风筝稳步上升；放的时候，平衡的风筝牵引力变小，在风力和扬力的合力作用下，风筝会飞高飞远，但是必须很快又牵，以再次保持风筝的角度稳定。风力正盛的时候可以多放线，当风力下降的时候，就收一些线。

活动 34　自制降落伞

适合班级：小、中、大班

材料准备：沙包、小手绢（大小不同）、细绳

制作方法：

用细绳系住小手绢的四角，然后把绳子的另一端绑在沙包上。

实验操作：

(1) 让小班幼儿自由往上抛降落伞，观察降落伞下降的样子，体验游戏快乐。（见"自制降落伞图"）让中、大班幼儿不仅可以往上抛着玩，还可以试着接住降落伞。

(2) 教师选择一处安全的高台同时往下抛大小不同的降落伞，让幼儿观察，看哪一个最后落下。

自制降落伞图

教师指导建议：

- 在幼儿玩降落伞时，提醒幼儿注意抛的角度，不要伤到同伴。
- 提示幼儿注意观察，抛的高度与降落伞张开的程度以及下落速度之间的关系。

拓展与替代：

◆ 可以用塑料袋或布代替手绢。

◆ 观看相关图书或视频，丰富幼儿有关降落伞的知识经验。

科学小知识

降落伞是利用空气阻力，使人或物从空中缓慢向下降落的。它是从杂技表演开始发展起来的，随着人类航空事业的发展，后来被用于空中救生，进而被用于空降作战。降落伞在降落时，与空气的接触面积很大，所以它所受的阻力也大，导致人在下落时的重力加速度减小很多，不至于在落地时出现生命危险。

主题三 声音

活动 35 塑料管排箫

适合班级：中、大班

材料准备：瓦楞纸、一根长的硬塑料管、橡皮泥、黏合剂、剪刀

制作方法：

（1）把硬塑料管剪成长短不同的 7 段（最短为 7 厘米，最长为 13 厘米，管与管之间的长度均相差 1 厘米），再把各塑料管的一端分别用橡皮泥堵住。

（2）把瓦楞纸剪成宽 5 厘米、长 20 厘米左右的长方形两个。

（3）把 7 根硬塑料管从长到短均匀排列，并用黏合剂粘贴在两张瓦楞纸之间，一个会发声的塑料管排箫就做好了。（见"塑料管排箫图"）

塑料管排箫图

实验操作：

让幼儿对着塑料管口依次吹气，就能听到不同的声音。

教师指导建议：

● 让幼儿了解排箫能发出声音是由空气振动引起的。

● 让幼儿感知：塑料管的长短不同，里面空气的多少也不同，那么在吹的力度相同的情况下，发出的声音也高低不同。

● 和幼儿一起用粗细不同的各种管子制作多种排箫，让幼儿感知声音的变化并记录结果。

拓展与替代：

◆ 让幼儿自己尝试演奏塑料管排箫。

◆ 教师为幼儿提供有关排箫演奏的视频资料，让幼儿感知排箫特别的音色，欣赏用排箫演奏的优美乐曲。

◆ 可以带幼儿做柳哨玩，感受用自然材料做简单乐器的乐趣。

科学小知识

对着塑料管吹气，管内的空气会发生振动，因为塑料管长度不同，管内空气量不同，振动的频率也不同，因此发出的声音不同。空气越少，振动频率越高，音调越高；空气越多，振动频率越低，音调越低。"箫"就是靠空气柱振动发声的，空气柱的长度不同，振动发出的声音不同，形成了不同的音调，从而演奏出了优美的乐曲。

活动 36　有线电话

适合班级：小、中班

材料准备：空八宝粥罐两个、细绳一根、钻子、包装纸

制作方法：

（1）在每个八宝粥罐的底部中间扎一个孔，孔的直径大小以刚刚能穿过细绳为宜。

（2）将细绳分别穿过两个罐子的小孔后，在绳的两端各系一个结，防止细绳从小孔滑落。

（3）对八宝粥罐的外部用包装纸进行任意装饰，一部有线电话就做好了。（见"有线电话图"）

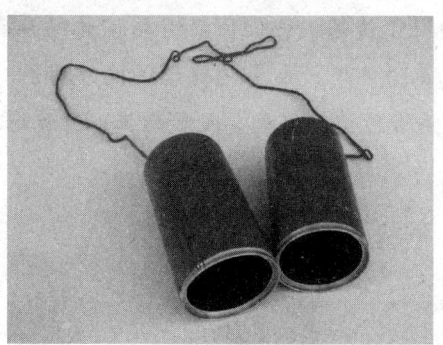

有线电话图

实验操作：

两个幼儿各拿一个八宝粥罐作为听筒，将绳子绷紧，一人将听筒放在嘴边说话，另一人将听筒放在耳边倾听。

教师指导建议：

- 指导幼儿玩"打电话"游戏，知道声音会沿着紧绷的绳子迅速传播，知道声音传播是需要介质的。
- 对于小班的幼儿，教师应该把作为成品的"听筒"给他们；对于中班的幼儿，教师应该给他们半成品，即事先给八宝粥罐扎好孔，引导幼儿自己穿孔、打结。
- 引导幼儿试一试绳子松弛了，声音是否还会被听到。

- 请幼儿在看不见对方的情况下（蒙上眼睛）玩"打电话"的游戏，看能否猜出给他打电话的小朋友是谁。

拓展与替代：

◆ 与幼儿一起尝试用果冻盒、纸杯、纸盒、纸筒等制作有线电话，比较它们之间在传递声音上有无区别。

◆ 尝试让幼儿用不同长短、不同材质的电话线（线绳、铁丝、毛线）做有线电话，请幼儿辨别声音的变化。

科学小知识

声音的传播需要介质，真空不能传声。声音要靠气体、液体、固体做媒介传播出去，这些作为传播媒介的物质被称为介质。声音在不同的介质中传播速度不同，我们听到的声音也就不同。当两个幼儿用自制的电话筒打电话时，说话会引起空气的振动，振动沿着紧绷的绳子传播，他们便能听到彼此的声音；如果绳子松弛了，振动就无法传播，声音也就无法被听到了。此外，绳子的长度也会影响声音传播的质量。绳子越长，声音越听不清楚。

活动 37　会飞的蝴蝶

适合班级：中、大班

材料准备：纸杯、塑料膜、橡皮筋、窄纸条、包装纸

制作方法：

（1）用包装纸任意装饰纸杯，然后用铅笔在纸杯的底部中间钻一个孔。

（2）将塑料膜套在杯口处，并用橡皮筋扎牢。

（3）在窄纸条的一端刻出或贴上一只蝴蝶，另一端折叠一下放在桌面上使蝴蝶立起来。（见"会飞的蝴蝶图"）

会飞的蝴蝶图

实验操作：

让幼儿一手拿着纸杯，纸杯底部的小孔紧紧对着窄纸条顶端的蝴蝶，但不要挨在一起；另一只手快速拍击杯口的塑料膜，会发现纸条晃动，看到蝴蝶像在飞舞。

教师指导建议：

● 指导幼儿自己制作此玩具，并反复实验，引导幼儿了解物体振动发出声音时，会引起四周空气的振动，这种振动的方式就是声波。

● 让幼儿感知敲击力度的不同，声波释放的能量不同，蝴蝶飞舞的幅度也就不同。

拓展与替代：
◆ 多准备几张不同宽度或不同长度的纸条，贴上各种小动物的形象，做实验，感知声波对它们的影响。
◆ 可将轻巧的物品（鸡毛、棉絮等）放在桌上或悬挂于空中，拍击纸杯，观察变化。

科学小知识

声音在空气中的传播是以我们看不见的声波的形式进行的。振动物体所产生并在介质中传播的一种具有一定能量的波叫声波，声波通过构成空气的微粒的振动在空气中传播。拍击杯口的塑料膜引起杯内空气的振动，当振动的声波通过杯底的小孔向外传播时，纸条上的小蝴蝶受到声波能量冲击后，也随着振动起来，就好像在飞舞。

活动 38　音乐瓶

适合班级：小、中、大班

材料准备：相同高度和粗细的玻璃瓶8个、7种不同颜色的颜料、小木棒（筷子、鼓槌等）1根

制作方法：

（1）把瓶子排成一排，在每个瓶子里倒进不同量的水（水量由少到多）。

（2）在每个瓶子里倒入一种颜料（第一个瓶子与第八个瓶子倒入的颜料一样，只是瓶子里面的水量不同），制作成彩色水，这样既美观又便于识别区分不同的水量。

（3）将八个瓶子按水量由少到多依次摆好，一组音乐瓶就做好了。（见"音乐瓶图"）

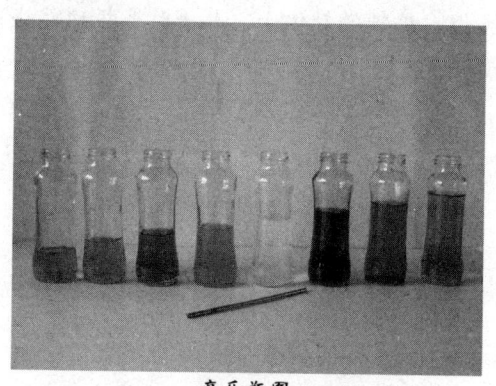

音乐瓶图

实验操作：

（1）让幼儿用小木棒以相同的力度依次敲击音乐瓶，感知声音的变化。

（2）让幼儿用嘴依次对着每个瓶口吹一吹，试试能否听到声音，声音的高低是否一样。

教师指导建议：

● 引导幼儿边敲击边倾听声音的变化，并辨别哪个瓶子音调高,哪个瓶子音调低,并引导幼儿探讨原因。
- 提醒幼儿在敲击不同的瓶子时力度要相同,同时不要太用力,以免敲坏玻璃瓶。

拓展与替代:
◆ 教师可根据音阶调整水量的多少来制作音乐瓶,并为幼儿演奏乐曲。(悬挂音乐瓶声音会更好听)
◆ 可将钢管、竹筒等切割成长短不同的管子,悬挂起来制作成音乐筒。
◆ 提供编钟演奏的视频资料供幼儿欣赏。

科学小知识

当用小木棒敲击玻璃瓶时,瓶子和水会发生振动,当振动通过空气传到我们的耳朵时,我们就听到了声音。由于每个瓶子里的水量不同,它的振动频率不同,所发出的声音也不同。水越多,振动越慢,音调越低;水越少,振动越快,音调越高。编钟的工作原理与此类似,编钟的钟体小,敲击时,振动就快,音调就高;钟体大,音调就低。

活动 39 皮筋吉他

适合班级：小、中、大班

材料准备：塑料瓶、彩色图钉、硬吸管（或筷子）、橡皮筋

制作方法：

（1）在塑料瓶体上剪出一个方形或圆形。

（2）在塑料瓶的底部和瓶盖的上面分别钉上3个彩色图钉。

（3）将硬吸管切割为合适的长度，粘贴在瓶子上部，使橡皮筋不会紧靠瓶子。

（4）把橡皮筋缠绕在图钉上，调整成不同的松紧程度，以形成不同的音高。（见"皮筋吉他图1"）

实验操作：

幼儿用手拨动皮筋，会听到不同音高的声音。

教师指导建议：

● 引导幼儿仔细倾听，橡皮筋发出的声音是否一样。

● 引导幼儿再加上一根硬吸管，使橡皮筋分成长度不同的两部分，分别拨动橡皮筋的两部分，倾听声音的变化。（见"皮筋吉他图2"）

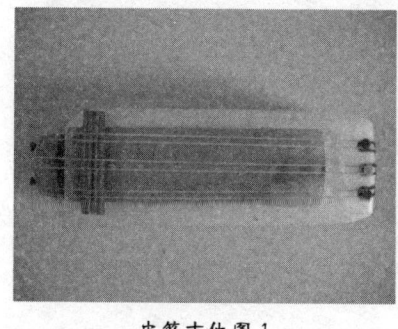
皮筋吉他图1

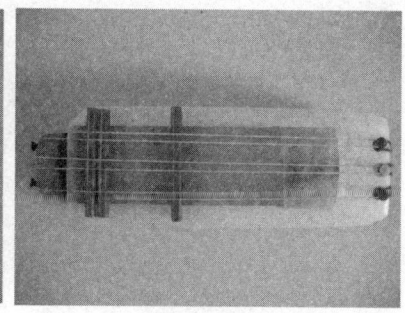
皮筋吉他图2

拓展与替代：

◆ 用纸盒、铁盒、木盒等制作皮筋吉他自由演奏。

◆ 有条件的幼儿园请吉他手为幼儿演奏，感知吉他的发声原理。

科学小知识

吉他是靠琴弦的振动发音的,可以用手按和弦来控制琴弦的长度。琴弦的长度不同,声音也就不同。当我们演奏橡皮筋吉他时会感知到:橡皮筋绷得越紧,橡皮筋越短,振动的频率越高,发出的音调也越高;反之,橡皮筋绷得越松,橡皮筋越长,振动的频率越低,发出的音调也越低。

活动 40　自制沙锤

适合班级：小、中班

材料准备：大小相同的塑料瓶 3 个，绿豆、沙子、豇豆等颗粒状物品

制作方法：在 3 个塑料瓶里分别放上绿豆、沙子、豇豆等不同颗粒状物品，它们在 3 个瓶子里的高度相同，都几乎占瓶子的三分之一。拧紧瓶盖，自制沙锤就做好了。（见"自制沙锤图 1"）

实验操作：

让幼儿用手握住瓶口抖动瓶子，听听每个瓶子里发出的声音有什么不同。

教师指导建议：

● 瓶盖要拧紧或粘牢以防止瓶子里面的东西掉落，被幼儿吞食。

● 引导幼儿学会怎样摇才能发出悦耳的声音。

● 组织幼儿开演奏会，尝试用不同的沙锤为不同的乐曲伴奏。

拓展与替代：

◆ 在玻璃瓶、铁瓶、塑料瓶等不同材质、不同容量的容器里，分别装上相同的颗粒，高度占各自容器的比例相同，让幼儿摇动瓶子辨别声音的变化。（见"自制沙锤图 2"）

◆ 在同样材质、同样大小的瓶子中装入不同量的同种物品，辨别声音的变化。（见"自制沙锤图 3"）

◆ 任意装饰沙锤外部，使其更加美观，以用于音乐会演奏。（见"自制沙锤图 4"）

科学小知识

沙锤是摇奏式鸣乐器，它是利用摇动时沙锤内的物质相互碰撞以及撞击沙锤壁发声的乐器。幼儿在演奏自制沙锤时，沙锤的材质不同、里面的物体性质和数量也不同，所以会发出不同的声音。此外，悦耳动听的声音被称为乐音，乐音是由能够周期性振动的声源发出的有韵律的声音。刺耳难听的声音被称为噪音，噪音是物体不规则振动时所发出的声音。

自制沙锤图1

自制沙锤图2

自制沙锤图3

自制沙锤图4

活动 41 传声筒

适合班级： 小、中、大班

材料准备： PVC 管、PVC 管弯头、可以塞进 PVC 管的布条

制作方法： 将 PVC 管用弯头连接成不同的形状，留出听筒口与说话口。（见"传声筒图"）

传声筒图

实验操作：

两个小朋友一组，一个说话，一个倾听，一起玩"打电话"的游戏。

教师指导建议：

- 引导小、中班幼儿拼出不同长短、不同形状的传声筒，试一试传出的声音是否一样。
- 引导大班幼儿拼出有多个听筒的传声筒，组织幼儿玩多人"打电话"的游戏。
- 引导幼儿在 PVC 管里塞上布条，比较塞上布条和不塞布条的 PVC 管在传声上有什么不同。

拓展与替代：

可在幼儿园走廊里安装较长的传声筒，有条件的幼儿园还可在班级与班级之间、不同楼层之间的墙壁上安装传声筒。

科学小知识

人发出的声音在传声筒中由于筒壁的反射使声波得到加强，传声筒的开口使声波向一定方向传播，在传播时能量虽然会损失一部分，但由于声波被加强了，所以声音也会传播得比较远。

活动42　小喇叭

适合班级：小、中班

材料准备：塑料瓶、果冻杯、透明胶带、彩色即时贴

制作方法：

(1) 将塑料瓶的底部剪掉，瓶身剪成1厘米左右宽的若干长条，剪至瓶身上部。

(2) 将果冻杯的底部剪掉，套在塑料瓶口处，并用透明胶带缠紧、固定。

(3) 将彩色即时贴剪出各种图案，装饰在剪好的塑料条上，将塑料条向外分开一点成喇叭状，制作即完成。(见"小喇叭图")

小喇叭图

实验操作：

(1) 让幼儿一手握瓶口，一手自由拍打瓶身，或摇晃瓶子。

(2) 让幼儿将嘴巴对着瓶口说话，感知传出声音的变化。

教师指导建议：

● 自由摇晃或拍打时，塑料条振动会发出清脆动听的响声，可指导幼儿把"小喇叭"当做乐器演奏。

● 当幼儿对着瓶嘴说话时，请他们听听声音的变化，是否起

到了小喇叭的作用。

拓展与替代：

◆ 使用不同粗细、不同材质的瓶子制作小喇叭。

◆ 与未剪开的瓶子做比较，让幼儿感知音量的不同。

科学小知识

声音是靠空气、水等介质振动传播的，传播方向是由介质振动方向决定的，可以是四面八方（如平时说话时，声波是向四面八方传播的），也可以是定向的。利用"小喇叭"说话时，声波的传播范围受到了限制，声波遇到瓶壁会被反射回来，反射回来的声波会叠加，所以人们听到的声音会比自己原来的声音大一些。

活动43　会跳的小熊

适合班级：小、中班

材料准备：小鼓一面、大小不同的塑料小熊玩具若干

制作方法：将小熊玩具放在鼓面上。(见"会跳的小熊图")

会跳的小熊图

实验操作：

用鼓槌敲击鼓面，看看小熊玩具有什么变化。

教师指导建议：

- 引导幼儿观察敲鼓时鼓面会振动发出声音，小熊也会跟着跳动。
- 引导幼儿观察大小不同的小熊，它们跳的高度是否一样。
- 引导幼儿比较敲的力度不一样时，小熊跳的高度是否一样。

拓展与替代：

◆ 可用多种物品(如小米、花生、跳棋等)或小型玩具代替小熊。

◆ 可用铁质或塑料盒制作小鼓。

科学小知识

声音是由物体的振动而产生的。当用鼓槌敲击鼓面时，鼓面的振动也会带动小熊跳动。同时，鼓面的振动使得周围的空气也发生振动，形成了声波，向周围传播，所以我们听到了鼓声和小熊跳跃的声音。

活动44　五弦琴

适合班级：中、大班

材料准备：方便面碗、硬纸板、牙签、黏合剂、橡皮筋

制作方法：

（1）在方便面碗边沿相对的两侧，各插上6根牙签，用黏合剂固定（牙签露出的部分不要太多，以防扎到幼儿）。

（2）将硬纸板剪成长条形粘在方便面碗的底部做琴体，并任意装饰。

（3）在牙签之间挂上长短、粗细不同的5根橡皮筋，五弦琴就做好了。（见"五弦琴图1"）

实验操作：

让幼儿拨动橡皮筋，倾听发出的声音。

教师指导建议：

- 先挂上两根长短相同、粗细不同的皮筋，轻轻拨动，请幼儿倾听声音的不同。
- 再挂上两根粗细相同、长短不同的皮筋，轻轻拨动，请幼儿倾听声音的不同。
- 引导幼儿记录自己倾听的结果，感知音调的高低与橡皮筋粗细及长度的关系。

拓展与替代：

- 用纸盒、铁盒、塑料盒等制作五弦琴，让幼儿倾听声音的变化。
- 制作拥有更多根弦的琴，引导幼儿自由弹奏，感知声音的变化。
- 可用毛线、细钢丝、塑料绳等做琴弦，制作简易琴，引导幼儿倾听声音的变化。（见"五弦琴图2"）

科学小知识

物体的振动产生了声音。细的、短的橡皮筋振动得比较快,发出的音调比较高;而粗的、长的橡皮筋振动得比较慢,发出的音调比较低。毛线、细钢丝、塑料绳等因材质不同,振动发出的声音也会不同。

五弦琴图1

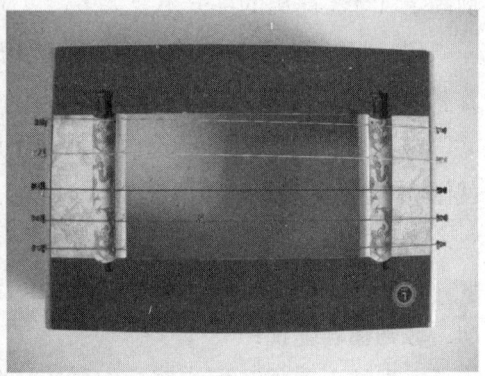

五弦琴图2

活动 45　听诊器

适合班级：中、大班

材料准备：漏斗、塑料管（比漏斗管略细）、胶带、塑料扣

制作方法：

（1）把漏斗插入塑料管的一端并用胶带固定住。

（2）在塑料管的另一端塞上一个塑料扣（衣服帽子上那种防止绳子脱落的中空的塑料扣），使管子靠近耳朵时不会戳到耳朵。（见"听诊器图"）

实验操作：

让幼儿将漏斗紧贴在自己或同伴的左胸处，把塑料管的另一端放到自己的耳朵边，试试能否听到心跳声。

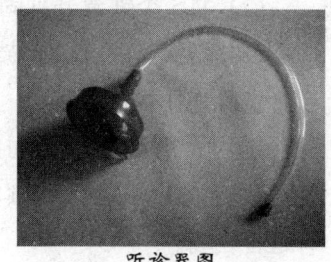

听诊器图

教师指导建议：

- 引导幼儿掌握倾听的方法，注意不要让他们把管子塞进耳朵太深，不要让管子戳到耳朵。
- 开始实验时，可以让幼儿先听一听教师的心跳。
- 计时半分钟，让幼儿听听同伴间的心跳次数是否一样多，听听老师和小朋友的心跳是否一样快。

拓展与替代：

让幼儿观察保健大夫的工作，在保健大夫的指导下，用正规的听诊器听同伴的心跳。

科学小知识

心脏前端面对的是一个面积较大的膜腔，心脏跳动会产生声波，导致听诊器内的密闭气体也随之振动，传到耳塞一端。由于腔道狭窄，气体的振幅就比前端要大很多，医生听到传来的声音也就大了很多。

活动46 奇妙的小鼓

适合班级：小、中班

材料准备：相同大小的5个铁盒、即时贴、筷子、圆形KT板、沙子、锯末、黄豆、绿豆、纸团

制作方法：

（1）在5个铁盒中分别装入等体积的沙子、锯末、黄豆、绿豆、纸团等不同物品，不要装满，并用即时贴装饰成小鼓状。

（2）将5个铁盒分别固定在圆形KT板上，便于幼儿敲击。

（3）把筷子制作成小鼓槌。（见"奇妙的小鼓图"）

实验操作：

让幼儿用鼓槌以相同的力度分别敲击每个小鼓，倾听声音是否相同。

奇妙的小鼓图

教师指导建议：

● 引导幼儿依次敲击每个小鼓，并注意倾听声音有什么不同。

● 注意提醒幼儿不要将物品放入口鼻内。

拓展与替代：

◆ 提供塑料、木质等不同材料的小盒制作成小鼓，敲击并倾听声音的变化。

◆ 有条件的幼儿园提供架子鼓让幼儿在演奏中感知声音的不同。

科学小知识

声波在不同介质中传播的速度、共振的频率不同，发出的声音也不同。因为每个小鼓内所装的物品不同，所以当让幼儿敲击鼓面时，会听到不同的声音。

活动 47 听声猜物

适合班级：小、中班

材料准备：大小相同的不透明的密封盒6个、彩色贴纸6张以及沙子、黄豆、绿豆、塑料珠、玻璃球、锯末等物品

制作方法：

（1）在每一个密封盒的外面都贴上一张彩色贴纸，以和其他密封盒区分开。

（2）在每个盒中装入一种物品（不要装满），并密封好。（见"听声猜物图"）

听声猜物图

实验操作：

让幼儿摇晃密封盒，盒内的物品会发出声音，让幼儿猜一猜是什么物品。

教师指导建议：

- 活动开始前，先让幼儿认识各种物品，并装入盒内玩一玩，倾听物品振动时发出的声音。
- 摇晃密封盒，请幼儿猜一猜盒内装的是什么物品，然后打开盒盖验证。

科学小知识

会振动发出声音的物体，叫做声源。各种声源发出的声音，我们听起来音调有高有低，各不相同，这是因为发声物体的结构不同。自然界中不仅固体能够振动发声，气体和液体也能够振动发声。

活动48 好听的乐器

适合班级：小、中、大班

材料准备：架子鼓、小鼓、铃鼓、响板、快板等各种打击乐器

制作方法：成品

实验操作：

（1）请幼儿敲击各种乐器，听听它们发出的声音有什么不同，让幼儿摸索怎样敲击乐器发出的声音最好听。

（2）播放乐曲，请幼儿尝试选择合适的乐器配奏。

教师指导建议：

● 指导幼儿掌握每种乐器的正确使用方法。

● 播放不同风格的乐曲，让幼儿探索使用不同的乐器配奏。

拓展与替代：

没有条件的幼儿园，教师可以使用废旧材料制作各种乐器，供幼儿演奏。

科学小知识

每种乐器发声的方法不同：吉他、钢琴、竖琴是靠琴弦振动发声的；笛子、管风琴等则是通过管内的空气振动发声的；小号的声音则是演奏者嘴唇的振动产生的；鼓、锣、叉等打击乐器是靠敲击绷紧的皮革或金属发声的。

活动 49　看不见的声波

适合班级： 小、中、大班

材料准备： 塑料盒（或方便面盒）、碎纸屑、录音机、塑料薄膜、橡皮筋

制作方法：

（1）把塑料薄膜用橡皮筋平整地固定在塑料盒上面。

（2）将一些碎纸屑均匀地撒在塑料薄膜上。（见"看不见的声波图"）

实验操作：

将录音机放在塑料盒旁边，让录音机的喇叭正对着塑料盒，打开开关，不断调整音量，让幼儿观察纸屑的变化。

看不见的声波图

教师指导建议：

- 指导幼儿缓慢调整音量，不要让声音突然变大，不要让幼儿长时间将音量开到最大，以免影响幼儿的听力。
- 播放不同风格的乐曲，让幼儿观察纸屑的变化。

拓展与替代：

建议使用音箱代替录音机，效果会更明显，或将纸条贴在音箱上观察纸条的变化。

科学小知识

声波通过空气传播。录音机的声音会引起周围空气微粒的振动，当振动的声波向外传播时，碰到了塑料薄膜，塑料薄膜在受到声波的冲击后也振动起来，所以塑料薄膜上的纸屑也会跟着动起来。

主题四 电和磁

活动50 摩擦起电

适合班级：中、大班

材料准备：塑料硬吸管、盛在盘子里的碎纸屑、尼龙布

制作方法：成品

实验操作：

（1）让幼儿尝试用没有被摩擦过的吸管吸碎纸屑，看能不能吸起来。（见"摩擦起电图1"）

（2）让幼儿把吸管在尼龙布上轻轻摩擦几下，贴近纸屑，看能否吸起来。（见"摩擦起电图2、3"）

（3）再充分摩擦，看看吸起碎纸屑的数量是否比刚才多了。

教师指导建议：

● 注意让吸管及幼儿小手保持干燥。

● 可以让幼儿先自己尝试，教师再根据具体情况进行指导。

● 活动结束后，要求幼儿整理好材料，特别是要把碎纸屑收到盘子里，不要洒到外面。

● 让幼儿和爸爸妈妈一起观察生活中摩擦起电的现象，如脱腈纶毛衣时，用塑料梳子梳头时，都有可能发生静电现象。

拓展与替代：

◆ 把吸管换成别的材料，如玻璃棒、木棒等在尼龙布上充分摩擦后，看能否吸起碎纸屑。

◆ 把尼龙布换成其他材料，如棉布、毛巾、动物皮毛等，把吸管在上面充分摩擦，看吸管能否吸起碎纸屑。

科学小知识

使用摩擦的方法,让两种不同的物体带电的现象叫摩擦起电。经过摩擦起电后的物体能够吸起一些小东西。吸管由于被摩擦之后带上了电,所以能吸起碎纸屑。摩擦越充分,带的电越多,吸起的碎纸屑也就越多。任何两种物体摩擦后都会带电,只不过有些物体容易带电,有些不容易带电。丝绸、有机玻璃、毛皮、橡胶等都比较容易起电。一般在天气干燥的时候,物体摩擦会产生静电;天气太湿或物体潮湿,摩擦产生的电会被导走,物体就不容易带电了。

摩擦起电图1

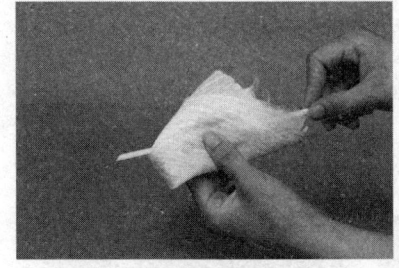

摩擦起电图2

摩擦起电图3

活动51 互不理睬的气球

适合班级：小、中班

材料准备：气球两个、干燥的绒布（或绒毛衣）、细线

制作方法：把两只气球吹满气，绑好以防止漏气，并用细线连在一起。

实验操作：

（1）让幼儿手提细线的中间，会发现两只气球是相互靠在一起的。（见"互不理睬的气球图1"）

（2）让幼儿用干燥的绒布（绒毛衣）分别在两只气球上充分摩擦，然后再提起线，会看到两只气球分开了。（见"互不理睬的气球图2"）

教师指导建议：

提醒幼儿摩擦时用力要适度，不要把气球弄破。

拓展与替代：

把塑料绳扎成把，自上而下用手不断地捋，就会看到塑料绳像花朵一样展开。

互不理睬的气球图1

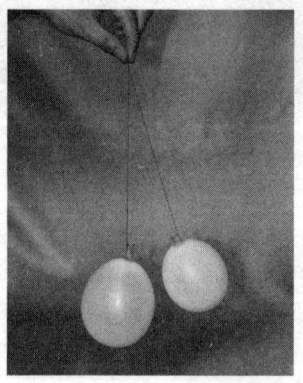

互不理睬的气球图2

科学小知识

科学实验表明,物体因摩擦而带的电,不是正电就是负电。与用丝绸摩擦过的玻璃棒所带的电相同的,叫做正电;与用毛皮摩擦过的橡胶棒所带的电相同的,叫做负电。相同的电荷有相互排斥的特性,而不同的电荷会互相吸引。由于两个气球被绒布摩擦后带上了同种电荷,所以会互相排斥,自然就分开了。

活动52　电池家族

适合班级：小、中、大班

材料准备：各种型号不一的电池、电动玩具一个（见"电池家族图"）

电池家族图

制作方法：成品

实验操作：

（1）让幼儿观察电池的外形特征，按照型号、功能给电池分类或排队。

（2）引导幼儿选择合适的电池，按照正确的方法装入电动玩具内，使电动玩具动起来。

教师指导建议：

● 指导小班幼儿在玩电动玩具的过程中了解电池的作用。

● 在认识电池的基础上，指导中、大班幼儿给玩具安装电池，引导幼儿观察电池的"＋"、"－"两极，进行正确安装。

● 提醒幼儿将废旧电池回收到指定位置。

拓展与替代：

◆ 指导幼儿在日常生活中和父母一起寻找家里需要使用电池的物品，如手机、手电筒、钟表等，并尝试拆装电池。

◆ 有条件的幼儿园可以给幼儿提供各种充电电池，让幼儿了解充电电池和普通电池的区别。

科学小知识

电池是泛指能产生电能的小型装置,如太阳能电池。我们通常使用的化学电池可以分成原电池与蓄电池两种。原电池制成后即可以产生电流,但在放电完毕即被废弃。蓄电池又被称为二次电池,充电后可放电使用,放电完毕后还可以充电再用。目前,我们通用的一次性电池主要有碳性电池和碱性电池,一般每节1.5V,呈圆柱形,型号常见的有1号、5号和7号,数字越大,型号越小。当我们把电池正确安装到电动玩具里后,打开开关,电池就能给电路提供电流了,同时把电能转化成机械能,玩具就能动起来了。

活动 53　小灯泡亮起来

适合班级： 大班

材料准备： 电线（两端露出铜线的头）、小灯泡、电池、记录纸

制作方法： 成品

实验操作：

让幼儿用所提供的材料进行实验，看看怎样连接才能让小灯泡亮起来，并把实验结果记录下来。（见"小灯泡亮起来图1"）

教师指导建议：

- 引导幼儿观察电池，并认识电池上的"+"、"-"符号。
- 指导幼儿把两节电池按照正负极相连摆在一起，让幼儿把小灯泡放在上端电池的正极上，然后用露出铜线的金属导线一头连接下端电池的负极，另一头连接小灯泡的底部，让小灯泡亮起来。
- 引导幼儿以合作的方式，用电线把两个或两个以上的电池和小灯泡进行连接，尝试让小灯泡更亮，并让幼儿记录下自己的实验结果。

拓展与替代：

◆ 为幼儿提供不同材料的线让他们依次实验，如塑料线、毛线、纸绳等，看看小灯泡还能不能亮起来，并把实验结果记录下来。（见"小灯泡亮起来图2"）

◆ 让幼儿在爸爸妈妈的帮助下，调查家里的灯是怎样亮起来的，了解生活中的电给人们带来的方便。

◆ 可以用此原理制作小路灯、小门铃等。（如"小灯泡亮起来图3、4"）

◆ 提醒幼儿电有危险，教育幼儿安全用电。

科学小知识

电池能提供直流电，电线又是由导体材料制成的，用电线把小灯泡和电池进行连接，电流就会通过小灯泡，使小灯泡亮起来。

通常人们认为，金属是导体材料，因为金属里存在自由电子，在不通电的情况下，自由电子在做无规则运动，通电后就会做定向移动，这样就会导电。铜丝、铁丝是金属类的材料，通电后能导电，所以小灯泡会亮；而塑料线、毛线、纸绳、布条是绝缘体，不容易导电，所以小灯泡亮不起来。

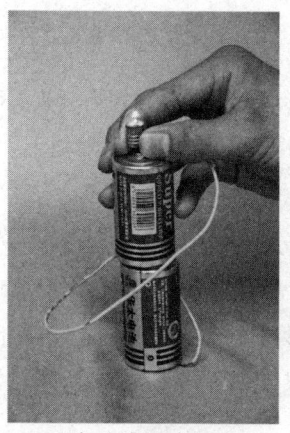

小灯泡亮起来图1

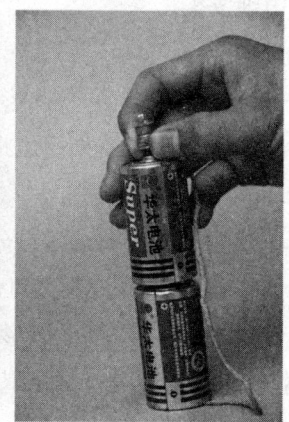

小灯泡亮起来图2

小灯泡亮起来图3

小灯泡亮起来图4

活动54　简易直流电动机模型

适合班级：中、大班

材料准备：木板、电池、硬铜线、磁铁、铜线圈（漆包线）、木螺丝、电池支架

制作方法：

（1）把硬铜线折成两个M形线圈支架，按照一节5号电池的长度作为间隔，将两个支架用木螺丝平行固定在木板上。（见"简易直流电动机模型图1"）

（2）在线圈支架的前端两点分别安装好电池支架。

（3）制作铜线圈，长度比两个线圈支架之间的距离略小，然后用两根铜线把铜线圈架在M形线圈支架上，并在下端固定一块磁铁。（见"简易直流电动机模型图2"）

实验操作：

放入电池后，让幼儿用手轻轻拨动铜线圈，试试看会发现什么。（见"简易直流电动机模型图3"）

教师指导建议：

- 指导幼儿明白，铜线圈需轻轻拨动一下才会转动。
- 引导幼儿将电池按不同的方向安装，看看铜线圈转动的方向是否相同。

拓展与替代：

◆ 用此原理可制作好玩的秋千等玩具。（见"简易直流电动机模型图4"）

◆ 为幼儿提供各种直流电机的工作图片供幼儿研究、探讨。

科学小知识

长期以来，磁现象与电现象是被分别进行研究的。许多科学家都认为电与磁没有什么联系。1751年，富兰克林用莱顿瓶放电的办法使钢针磁化的实验启发了丹麦物理学家奥斯特，他认为，电向磁转化不是没有可能。于是，他把通电导线与磁针平行放置

来做实验，结果，小磁针微微跳动。就这样，他撰写论文向科学界宣布了电磁效应这个重大发现。此模型就是利用直流电产生的磁力和磁铁产生的磁力相互排斥的原理制作而成的。

简易直流电动机模型图1

简易直流电动机模型图2

简易直流电动机模型图3

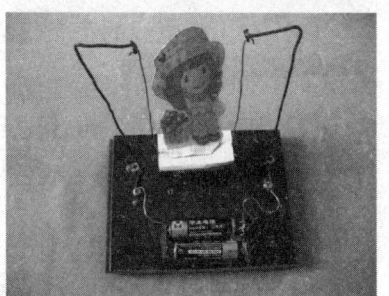

简易直流电动机模型图4

活动 55　铁钉变磁铁

适合班级：大班

材料准备：放有电池的电池板、铁钉、电线、细小的铁片

制作方法：

（1）把电线一圈圈地缠绕在铁钉上，并露出电线的两头。（见"铁钉变磁铁图 1"）

（2）将铁钉上的电线两端连接到放有电池的电池板的电线两端。（见"铁钉变磁铁图 2"）

实验操作：

（1）在连接电线的正负极之前，先让幼儿拿铁棒轻轻去碰小铁片，看有什么变化。

（2）接好电池后，再让幼儿拿铁钉去轻轻碰小铁片，观察有什么新发现。（见"铁钉变磁铁图 3"）

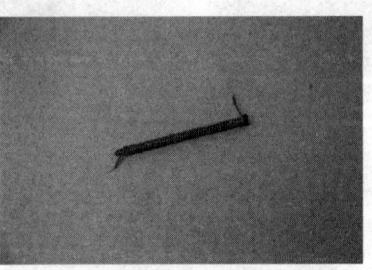

铁钉变磁铁图 1

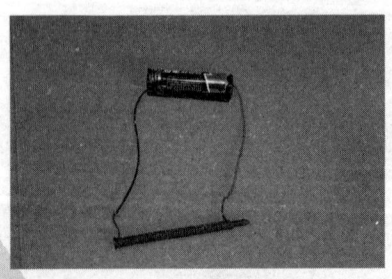

铁钉变磁铁图 2

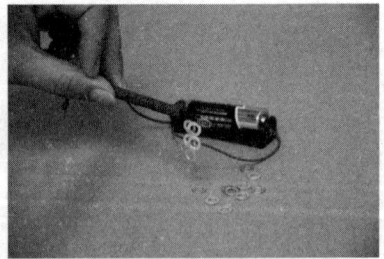

铁钉变磁铁图 3

教师指导建议：

- 提醒幼儿电线在缠绕的时候要注意紧凑性，可多在铁钉上缠几圈。
- 引导幼儿尝试用多节电池。
- 请幼儿把每次不同的实验结果记录下来。

拓展与替代：

◆ 增加电线圈数或电池节数后，再让幼儿拿铁钉去碰小铁片，观察铁钉上小铁片的数量变化，让幼儿想一想为什么。

◆ 让幼儿尝试把多种铁质的物品磁化成电磁铁。

科学小知识

内部带有铁芯、外部缠有电线圈的装置，通电后，在电线的周围会产生磁场，铁芯会被磁化，具有吸铁的特性。断电后这种特性也随之消失。磁性的大小可以用电流的强弱或线圈的匝数来控制，当增加电线圈数或电池节数后，磁性变大，铁芯吸起的小铁片的数量会随之增加。

活动 56 铅笔中的秘密

适合班级： 大班

材料准备： 铅笔、1号电池、电池板、小灯泡、带鳄鱼夹的导线

制作方法：

（1）把铅笔从中间纵向剖开，露出铅芯。（见"铅笔中的秘密图1"）

（2）将三节或两节1号电池装进电池板，然后把电池板、小灯泡、带鳄鱼夹的导线和铅笔连成一个回路。

实验操作：

让幼儿用鳄鱼夹夹住铅芯的一端，然后让他们用触电头触摸铅芯的不同位置，观察小灯泡会时亮时暗。（见"铅笔中的秘密图2"）

教师指导建议：

● 教师要做好准备工作，如剖开铅笔等。

● 铅笔和导线连接处要良好。

● 换用不同功率的小灯泡，让幼儿观察效果。

拓展与替代：

提供不同材质的笔芯让幼儿反复尝试，观察结果。

科学小知识

铅笔芯中的石墨也能导电。当石墨通上电后，触电头接触的铅笔芯的位置不同，电阻的大小不同，通过小灯泡的电流大小也就不同，导致灯泡时亮时暗。此外，因为石墨本身电阻就比较大，导电性并不好。为了使实验效果更明显，教师可以使用2B的铅笔，更换功率更小的灯泡。

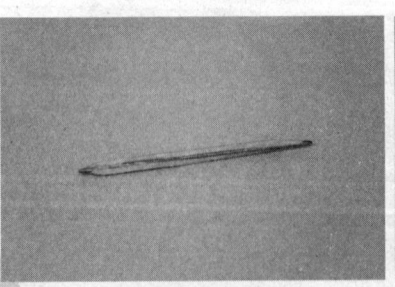

铅笔中的秘密图1

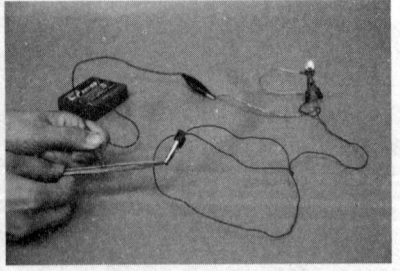

铅笔中的秘密图2

活动57 不会碰撞的小汽车

适合班级：中、大班

材料准备：大小相同的条形磁铁3块、废旧玩具上的小车轮6个、长塑料吸管1根、牙签若干根、硬纸板1块、透明胶带、剪刀

制作方法：

（1）按照条形磁铁的宽度把吸管截成6段，然后用透明胶带将截好的塑料吸管固定在条形磁铁背面。（见"不会碰撞的小汽车图1"）

（2）将牙签穿过吸管后，在牙签两端各固定好一个车轮。（见"不会碰撞的小汽车图2"）

（3）把硬纸板做成有槽的跑道，跑道宽度以能放进小汽车为宜。

实验操作：

（1）把两辆小汽车上的磁铁同极相对放入跑道，推动一辆小汽车向另一辆小汽车轻轻靠近，让幼儿观察会发生的现象。

（2）将三辆小汽车同极相对地放入跑道，然后用手轻轻把最后一辆小汽车向前推，或把最前面的小汽车向后推，观察会发生的现象。（见"不会碰撞的小汽车图3"）

教师指导建议：

● 协助幼儿完成小汽车的制作，汽车跑道由教师制作完成。

● 重点指导幼儿观察磁铁同极相斥的现象。

拓展与替代：

让幼儿将小汽车异极相对地放进汽车跑道，观察会发生的现象。（见"不会碰撞的小汽车图4"）

科学小知识

磁铁有N极和S极，同极相斥，异极相吸。如果两块磁铁的不同磁极相互靠近，它们就会吸到一起，而相同磁极相互靠近，则互相排斥。由于小汽车上的磁铁同极相对，所以小汽车就会向相反的方向走，不会撞到一起；如果小汽车上的磁铁异极相对，那么小汽车就会撞在一起了。

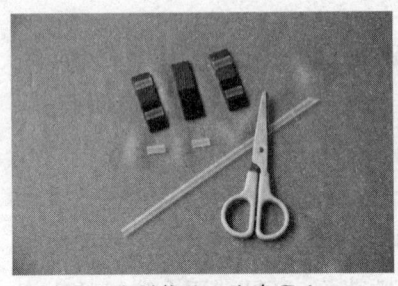
不会碰撞的小汽车图1

不会碰撞的小汽车图2

不会碰撞的小汽车图3

不会碰撞的小汽车图4

活动 58 青蛙捉虫

适合班级：中、大班

材料准备：硬纸板、塑料吸管（或小棍）、环形磁铁、青蛙图片、蚱蜢图片、胶棒

制作方法：

（1）把纸板画成池塘背景图，把吸管从池塘背景图的中心穿过。（见"青蛙捉虫图1"）

（2）将一块环形磁铁粘贴在青蛙图背后，再与青蛙图一起穿到池塘背景图正面的吸管上。（见"青蛙捉虫图2"）

（3）在青蛙图上面的吸管顶端粘好蚱蜢图片。（见"青蛙捉虫图3"）

（4）把另一块环形磁铁从池塘背景图背面的吸管下端穿入，与已穿入的青蛙图片上的磁铁同极相对。（见"青蛙捉虫图4"）

实验操作：

让幼儿上下移动池塘下面的环形磁铁，池塘里的小青蛙就会不断地跳起来捉蚱蜢。

教师指导建议：

- 提醒幼儿，蚱蜢粘贴的距离不要离青蛙太远。
- 重点是引导幼儿观察并思考青蛙能捉到蚱蜢的原因。

拓展与替代：

◆ 可以将两块环形磁铁同极相对先后套到同一根塑料吸管上，慢慢松开手，会看到，后放进去的环形磁铁悬浮于第一块磁铁的上方。再往塑料吸管上放几块环形磁铁，和幼儿一起玩"跳跃的磁铁"游戏，进一步让幼儿感受磁铁"同极相斥，异极相吸"的特性。

◆ 让幼儿观看磁悬浮列车的录像，了解磁悬浮原理在生活中的运用。

◆ 有条件的幼儿园也可提供磁悬浮地球仪，进一步激发幼儿对磁铁特性的探索兴趣。

科学小知识

利用磁铁同极相斥的原理，向上移动池塘背景图下面的磁铁，就会让贴有磁铁的青蛙也向上移动，这样它就能吃到吸管顶部的蚱蜢了。另外，由于磁性具有穿透力，所以即使隔着池塘背景图，照样也可以让青蛙跳起来。磁悬浮列车就是利用"同极相斥、异极相吸"的原理，让磁铁具有抗拒地心引力的能力，使车体悬浮在距离轨道约1厘米处腾空行驶，创造了几乎零摩擦的高速行驶速度，为人们的生活带来了极大便利。

青蛙捉虫图1

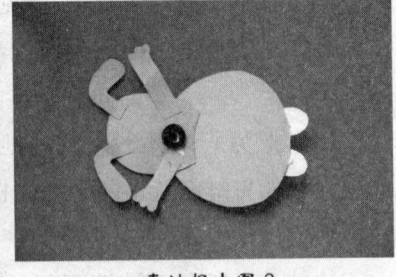
青蛙捉虫图2

青蛙捉虫图3

青蛙捉虫图4

活动 59　能干的潜水员

适合班级：中、大班

材料准备：盛有水的水缸（水盆）、细线、小铁块、潜水员图片、海底生物图片（见"能干的潜水员图1"）

制作方法：

（1）在潜水员图片的后面固定上磁铁，身体两侧粘好细线，在各种海底生物图片上固定好小铁块。

（2）小铁块朝下把海底生物图片放入水缸中。

实验操作：

（1）让幼儿放松细线，让潜水员沉入水中，按教师的指令打捞水中的生物。（见"能干的潜水员图2"）

（2）让小朋友进行比赛，看谁在相同的时间里打捞上来的海底生物最多。

教师指导建议：

- 制作时注意将潜水员图片和海底生物图片塑封好，做好防水保护。
- 系在潜水员身上的细线不要太长，防止幼儿在操作中细线打结。
- 变换潜水员身上的磁铁，通过打捞上来的物品多少，让幼儿比较不同磁铁磁力的大小。

拓展与替代：

- ◆ 可将海底生物替换成船，在船上放入铁块，让幼儿进行"打捞沉船"的游戏。
- ◆ 玩"拯救小动物"的游戏。将粘有小铁块的小动物图片放入一个较深的容器中，用线绳系好磁铁，把小动物一一救上来。
- ◆ 玩"钓鱼"游戏。将粘有小铁块的鱼的图片放入水池中，用线绳系上磁铁作为吊钩钓鱼。

科学小知识

磁铁能够吸引铁质金属，并且其磁力具有穿透性，能隔着水吸引铁质物品。另外，磁铁的磁力大小也是不一样的，磁力强的磁铁吸引的物品多。

能干的潜水员图1

能干的潜水员图2

活动60 小刺猬长刺

适合班级：小、中班

材料准备：磁铁、铁屑、长方形塑料托盘、和托盘底面大小相同的白纸、蜡笔

制作方法：

（1）在纸上画上一只蹲在苹果树下的小刺猬，注意刺猬身上的刺不画。（见"小刺猬长刺图1"）

（2）把画铺在托盘上。

实验操作：

将铁屑轻轻撒到画上，再将磁铁放在托盒的下面，轻轻移动磁铁，将铁屑全都吸到小刺猬的身上，帮助小刺猬长出尖刺。（见"小刺猬长刺图2"）

小刺猬长刺图1

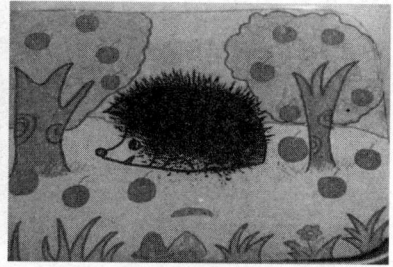

小刺猬长刺图2

教师指导建议：

- 提醒幼儿取放铁屑要小心，注意不要将铁屑撒到托盘外面，更不要对着铁屑吹气，防止迷眼。
- 提供给幼儿的磁铁大小要与所画刺猬大小相同，使表现效果更形象。
- 在托盘下任意移动磁铁，观察铁屑的运动状态。

拓展与替代：

◆ 任意变换背景图，利用铁屑进行趣味造型活动。

◆ 利用铁屑表现条形和U形磁铁的磁场线的分布情况，感受磁铁磁场的存在。(见"小刺猬长刺图3、4")

小刺猬长刺图3

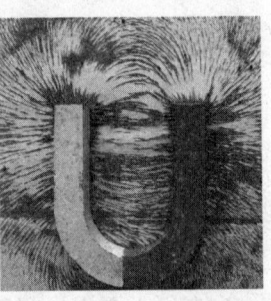
小刺猬长刺图4

科学小知识

磁铁能够吸引铁质物品,而铁屑细碎的形态,在磁铁的吸引下可以表现出独特的艺术造型。铁屑还可以显示磁铁磁场的存在,利用铁屑对磁力线的显现效果,可以使幼儿生动形象地感知不同形状磁铁的磁力线分布情况。

活动 61 保护蛋宝宝

适合班级：中、大班

材料准备：U形磁铁、小钢珠、橡皮泥、两张鳄鱼图片、纸盒、沙滩画（大小与纸盒底面相同）、胶棒

制作方法：

（1）将鳄鱼图片粘贴到磁铁上，磁铁正反面各一张。（见"保护蛋宝宝图1"）

（2）把沙滩画放入纸盒内，再把钢珠放到沙滩画上，当做蛋宝宝。

实验操作：

（1）让幼儿慢慢移动磁铁，将鳄鱼慢慢靠近蛋宝宝，观察鳄鱼距离多远能吃到蛋宝宝。（见"保护蛋宝宝图2"）

（2）让幼儿在蛋宝宝上均匀裹上一层橡皮泥，再将鳄鱼一点点靠近它们，看鳄鱼还能否吃到蛋宝宝。（见"保护蛋宝宝图3"）

保护蛋宝宝图1

保护蛋宝宝图2

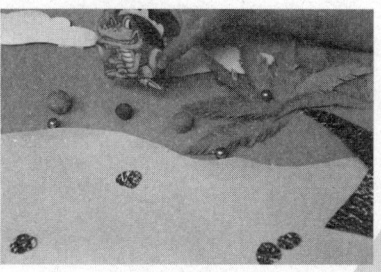

保护蛋宝宝图3

教师指导建议：
- 提醒幼儿不要将钢珠放入耳、鼻、口中，注意安全。
- 在包裹橡皮泥时，引导幼儿不要一次包太厚，而是一次次地逐层加厚。

拓展与替代：

尝试将橡皮泥替换成即时贴、皱纹纸、塑料布等材料包裹钢珠继续进行实验。

科学小知识

磁铁能够吸引钢珠，但是当两者距离太远的时候，磁铁对钢珠的吸引力就会受到影响。将橡皮泥等材料包裹到钢珠的表面，由于磁铁和钢珠之间的距离变大，于是磁铁对钢珠的吸引力减弱。包裹物的厚度越来越大，磁铁对钢珠的吸引力就会越来越小。超过了一定的距离范围，磁铁也就失去对钢珠的吸引力了。

活动 62 长长短短的珠链

适合班级：中、大班

材料准备：一块环形磁铁、若干个小钢珠

制作方法：成品

实验操作：

引导幼儿分别用磁铁的不同部位去吸引小钢珠，看看磁铁的什么部位吸引的钢珠链最长，磁力最强。（见"长长短短的珠链图1、2"）

教师指导建议：

● 操作中要求幼儿尽量保持磁铁的稳定性，减少其他外界因素的干扰。

● 引导幼儿用表格的方式进行实验记录，通过比较得出：同一块磁铁的不同部位，磁性强度不同。

拓展与替代：

让幼儿探索不同形状的磁铁（条形磁铁、马蹄形磁铁、环形磁铁等），以及同一形状、不同大小的磁铁的磁极与磁力的强弱变化。

科学小知识

同一块磁铁各部分的磁性有强有弱，如马蹄形磁铁的两极磁性最强，中间红蓝交界的部分磁力较弱。不同形状的磁铁的磁性强弱分布的部位也不一样。

长长短短的珠链图 1

长长短短的珠链图 2

活动63　探寻宝藏

适合班级：中、大班

材料准备：色卡纸、小人图片、回形针、磁铁、纸盒、直尺、夹子

制作方法：

（1）用色卡纸制作"探寻宝藏"图，然后把宝藏图放在纸盒内，可在宝藏图上面放置山洞、小桥、小树、花草等立体图片。（见"探寻宝藏图1"）

（2）将回形针和夹子固定在小人图片上，让小人可以平稳地站好。（见"探寻宝藏图2"）

（3）在直尺一端粘好磁铁（或直接用磁铁也可以）。

实验操作：

将小人放在"探寻宝藏"图起点上，将磁铁隔着纸盒放在小人的下方，移动磁铁，使小人按照藏宝图指示路线寻找宝藏。（见"探寻宝藏图3"）

探寻宝藏图1

探寻宝藏图2

探寻宝藏图3

教师指导建议：

提示幼儿遵循游戏路线寻宝。

拓展与替代：

在制作藏宝图时，可与迷宫图、交通地图等相结合，进行多样化的设计，使幼儿探寻宝藏的游戏更富有挑战性和趣味性。

科学小知识

磁铁有吸铁的特性，而且磁力有穿透性。在本次科学小实验中，通过操作，幼儿可以感知磁铁的磁力可以穿透卡纸和硬纸板，吸住底部粘有回形针的小人。移动磁铁，小人就会随着磁铁的移动而移动。

活动64 汤匙变磁铁

适合班级： 小、中、大班
材料准备： 钢铁质汤匙、磁铁、铁钉、曲别针
制作方法： 成品
实验操作：
让幼儿先用磁铁摩擦汤匙，然后用汤匙去吸铁钉或曲别针，会发现汤匙像磁铁一样把铁钉或曲别针吸起来了。（见"汤匙变磁铁图"）

教师指导建议：
- 让幼儿用磁铁在汤匙上沿同一方向充分摩擦20多次。
- 引导幼儿将汤匙在桌子上敲一敲，再靠近铁钉或曲别针，会发现汤匙失去磁性，无法将铁钉、曲别针吸起来。

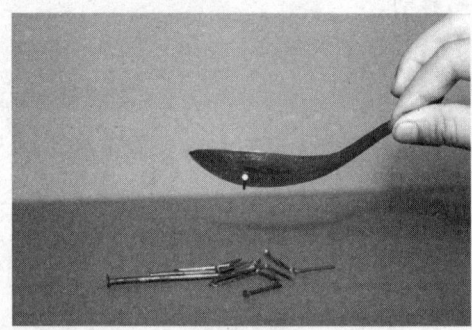
汤匙变磁铁图

拓展与替代：
看看生活中哪些金属物品能够被磁化。

科学小知识

制作汤匙的钢铁可以被看成是由一个个的小磁铁构成的，由于它们的磁场方向不同，作用相互抵消，整个汤匙也就没有磁性。如果用一块磁铁的磁力将汤匙内部的小磁铁的磁场强行排列成同一方向，汤匙就会表现出磁力，这个过程叫做磁化。如果将汤匙在桌子上敲一敲，其内部小磁铁的排列又被破坏掉，汤匙的磁力也就消失了。通常能被磁化的物质是铁、镍、钴、钢等铁磁性物质，而铜、锡、铝等则不易被磁化。

活动 65　自动倒下的硬币

适合班级：中、大班

材料准备：若干个硬币（1角、5角、1元均可）、磁铁

制作方法：成品

实验操作：

（1）将硬币叠成整齐的圆柱体横放在瓷砖面上。（见"自动倒下的硬币图1"）

（2）拿磁铁在硬币上方2～3厘米高的地方慢慢接近硬币，会发现硬币向两侧自动倒下。（见"自动倒下的硬币图2"）

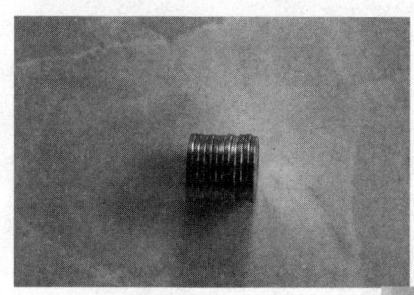

自动倒下的硬币图1

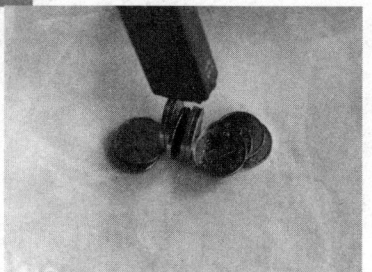

自动倒下的硬币图2

教师指导建议：

● 引导幼儿选择光滑度较高的桌面或地面进行实验，最好在瓷砖面上。

● 指导幼儿硬币排列要整齐紧密，数量10枚左右为宜。

● 指导幼儿把磁铁垂直放在硬币的上方慢慢靠近，否则硬币会被磁铁吸起，看不到硬币向两侧倒下的实验结果。

拓展与替代：
- ◆ 也可用同种材质的圆形纪念币或游戏币代替硬币来试验，让幼儿看看硬币还能不能倒下。
- ◆ 也可在不同材料的平面上进行试验，让幼儿看看硬币会在什么性质的平面上自动倒下。

科学小知识

这排硬币在磁铁磁场的作用下发生了变化——每枚硬币的上端都被磁化了，由于同性相斥，再加上硬币之间紧贴在一起，在磁性斥力作用下，这排横放在桌面上的硬币就会向两侧自动倒下。

主题五 运动和力

活动 66 称称有多重

适合班级：中、大班
材料准备：天平、砝码或各种不同重量的物体（小木块等）
制作方法：成品（见"称称有多重图1"）
实验操作：

（1）让幼儿在天平两边分别摆放砝码或小木块等材料，通过增减个数，感知轻重变化。（见"称称有多重图2"）

（2）在天平一侧放上称量物，另一侧加砝码，看看放多少砝码能让两侧保持平衡。

（3）随意在两侧托盘上放小物品，看怎样让天平保持平衡。

教师指导建议：

- 在玩的过程中指导幼儿认识天平，了解其在生活中的应用。
- 指导幼儿在游戏中感知物体的轻重，不需要确切的称量结果。
- 指导幼儿通过不断地替换物品，了解只有两侧物体的重量相同，天平才能保持平衡。
- 指导大班幼儿用符号或数字记录称量结果，并进行简单的计算。

拓展与替代：

◆ 有条件的幼儿园可以提供各种称量工具，如：托盘天平、杆秤、弹簧秤等。
◆ 可提供支架、横杆、两个大小相等的托盘，让幼儿自制简易天平。（见"称称有多重图3、4"）

科学小知识

天平是衡量物体质量的仪器，它依据杠杆原理制成。在杠杆的两端各有一小盘，一端放砝码，另一端放要称的物体，杠杆中央装有指针。当两端平衡时，两端物体的质量（重量）相等。

称称有多重图1

称称有多重图2

称称有多重图3

称称有多重图4

活动 67 跷跷板真好玩

适合班级：中、大班

材料准备：木质跷跷板，由积木、跳棋子、木珠组成的大小相同但颜色不同的木质小人

制作方法：成品（见"跷跷板图1、2"）

实验操作：

让幼儿在跷跷板两边的木桩上自由摆放木质小人的组件，看看哪头低哪头高，比一比谁轻谁重，并尝试让跷跷板保持平衡。（见"跷跷板图3"）

教师指导建议：

● 指导幼儿在跷跷板两侧对应位置的木桩上套上不同数量的木质小人组件，观察跷跷板的状态，让幼儿感知杠杆原理和力的平衡。

跷跷板图1

跷跷板图2

跷跷板图3

- 指导幼儿在跷跷板两侧不同位置的木桩上套上相同数量的小人组件，观察跷跷板的状态，并鼓励幼儿尝试设法让跷跷板保持平衡。（见"跷跷板图4"）

跷跷板图4

拓展与替代：

◆ 用各种材料自制跷跷板。

◆ 带幼儿到户外玩跷跷板，实际体验两侧重量不同以及到支撑点的距离不同对跷跷板的影响。

科学小知识

跷跷板是利用等臂杠杆的原理制作而成，两端力臂相等，就具备了平衡的条件，重心移动，就不再是等臂杠杆，也不再保持平衡。在没有放木质小人时，跷跷板的重心在它的支撑点上，两边保持平衡状态。但当我们在一端放上木质小人的时候，跷跷板的重心就开始转移，一般会朝向更重的方向发生倾斜。但是并不一定重的一端就低，因为物体摆放的位置越靠近支撑点，就越不容易将跷跷板压下去。

活动 68　平衡鸟

适合班级：小、中班

材料准备：塑料平衡鸟 1 只

制作方法：成品

实验操作：

（1）将平衡鸟的嘴放在手指上，让幼儿观察平衡鸟的状态。（见"平衡鸟图"）

（2）把平衡鸟放在幼儿手指上，请幼儿手持平衡鸟做各种动作，看谁的平衡鸟保持的时间长。

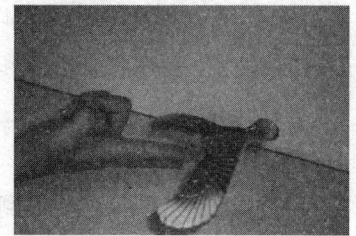

平衡鸟图

教师指导建议：

- 引导幼儿探索小鸟身体的哪个位置放在手指上能保持平衡。
- 引导幼儿探索把小鸟放在自己身体的哪些部位可以保持平衡。

拓展与替代：

◆ 自制平衡玩具：把一根长约 20cm 的细铁丝弯成 M 形，左右对称，两侧下方粘上重量相等的橡皮泥，将中央支点放在手指上，就可以玩平衡游戏。

◆ 提供各种小型物体，让幼儿把它们放在手指、胳膊或头顶等身体的各个部位，尝试如何保持平衡不掉落。

科学小知识

平衡鸟之所以会保持平衡，主要是杠杆原理的应用。嘴前端是它的支点，翅膀到鸟嘴的距离为力臂，当两个力臂等长、且左右两边等重时（重量分布在两翼，重心也要低），鸟就很容易保持平衡。

平衡鸟能保持平衡，还有一个原因就是，它的重心正好在它的嘴尖的正下方，这样你把它的嘴放在任何物体上，它都能保持平衡。

活动 69　有趣的不倒翁

适合班级： 中、大班

材料准备： 塑料乒乓球、橡皮泥、彩纸、水彩笔、沙子、绿豆

制作方法：

（1）将塑料乒乓球剪开一个小口，把橡皮泥粘在小球内底部中间的位置上，作为不倒翁的身体。

（2）用彩纸做一个圆锥体，画上五官，作为不倒翁的头。

（3）用黏合剂将圆锥体和塑料小球粘合好，做成不倒翁。（见"有趣的不倒翁图 1"）

实验操作：

（1）让幼儿用手推动不倒翁，观察其摇摆状态，看是否会倒下。

（2）给幼儿分发乒乓球，让幼儿改变橡皮泥的重量和在乒乓球内的位置，观察不倒翁是否会倒下，让他们明白不倒翁的重心越低，不倒翁就站得越稳定，越平衡。

（3）让幼儿在乒乓球内填充沙子、豆粒等各种材料，再推动不倒翁，观察其变化，让他们明白只有物体固定了，才有可能使不倒翁不倒。

教师指导建议：

● 引导幼儿用大小不同的力推动不倒翁，观察其摆动的情况。

● 引导幼儿观察不倒翁的形状和内部构造，了解不倒翁上轻下重、底部圆形的特点。

● 鼓励幼儿想办法使乒乓球内的沙子和豆粒固定在乒乓球底部。

拓展与替代：

◆ 可用鸡蛋壳等球状物体代替乒乓球制作不倒翁。

◆ 也可把圆形卡纸对折成半圆制作不倒翁。（见"有趣的不倒翁图 2"）

◆ 引导幼儿在生活中寻找与不倒翁制作原理相同的用品或玩

具，如摇椅、摇摆木马等。（见"有趣的不倒翁图3"）

科学小知识

塑料乒乓球内粘有橡皮泥的部位最重，所以成为不倒翁的重心。粘的位置越低，不倒翁的重心越低，越稳定。不倒翁处于平衡时，重心和接触点的距离最短，即重心最低，这时最稳定。推动不倒翁时，外力导致不倒翁与桌面的接触点与重心不在同一条直线上，外力撤销后，重力会使其回到重心最低的位置保持平衡，所以，不倒翁无论怎么摇摆都不会倒。

有趣的不倒翁图1

有趣的不倒翁图2

有趣的不倒翁图3

活动 70 不倒的棋子

适合班级：大班

材料准备：象棋子、直尺

制作方法：成品

实验操作：

将象棋子整齐地叠成一摞。（见"不倒的棋子图1"）让幼儿用尺子以与象棋子平行的方向快速击打任一棋子，看谁能让其他棋子不倒。（见"不倒的棋子图2"）

教师指导建议：

- 游戏前先请小朋友猜猜如果用尺子把最下面的一个棋子打跑，上面的棋子会怎样。
- 指导幼儿探索尺子击打的角度及速度对棋子稳定性的影响。

拓展与替代：

可用硬币、积木等材料代替棋子进行游戏。

科学小知识

物体具有保持原来匀速直线运动状态或静止状态的一种性质，这就是惯性。当将其中的一枚棋子快速打跑时，其他棋子会因为惯性而保持平衡。

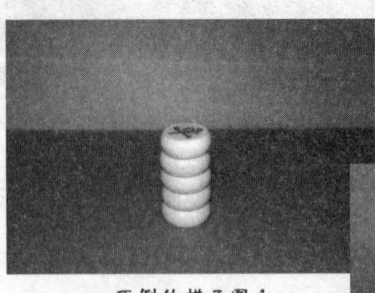

不倒的棋子图 1

不倒的棋子图 2

活动 71 斜坡实验

适合班级：中、大班

材料准备：6块同样大小的积木和木板以及3辆同样大小的玩具小汽车，毛巾、瓦楞纸、皱纹纸（毛巾、瓦楞纸和皱纹纸大小和木板相当）

制作方法：

（1）分别用三块积木的长、宽、高做支架，然后把三块木板分别搭在三块积木上，形成三个不同高度的斜坡。（见"斜坡实验图1"）

（2）再用三块积木的长/宽/高做三个支架，然后把三块积木分别搭在三个支架上，做成三个高度相同的斜坡，并在三个斜坡上分别铺上毛巾、瓦楞纸、皱纹纸。

实验操作：

（1）让幼儿将三辆小汽车分别放在三个不同高度的斜坡的顶端，同时放手，让他们比较小汽车滑行的快慢。

（2）将三辆小汽车分别放在同一高度、不同质地的坡面上，同时放手，让他们比较小汽车滑行的快慢。（见"斜坡实验图2"）

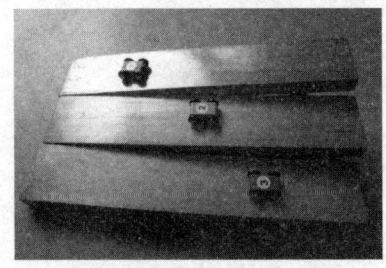

斜坡实验图1

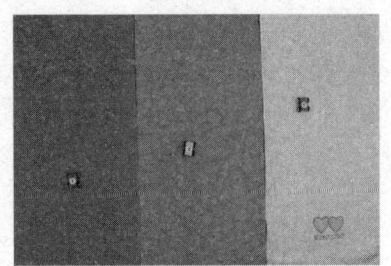

斜坡实验图2

教师指导建议：

- 指导幼儿探索坡面的高度和光滑度对小汽车滑行速度的影响。
- 为幼儿提供测量工具和纸、笔，指导幼儿观察并测量记录，探索影响小汽车滑行速度的因素。

拓展与替代：

◆ 带幼儿玩滑梯游戏，感受不同的坡度对滑行速度的影响。

◆ 尝试让幼儿用不同重量的小汽车进行实验，让他们观察在同一高度、同种材质的坡面上滑行速度是否有变化。

◆ 用长方形木板和两本书做成一个斜坡，将装有沙子和装有水的两个同等重量的瓶子同时从一个高度滚下来，让幼儿观察哪个瓶子先到达终点；也可更换瓶子里的东西，再让它们比赛。

科学小知识

小汽车从斜坡上下滑，向前滑行的速度与坡度大小、斜坡的质地等因素有关。在同种材质的坡面上，坡度越大，滑行的速度越快。在小汽车质量不变以及斜坡坡度相同的情况下，接触面越粗糙，摩擦力越大，滑行速度越慢，反之亦然。

沙子对瓶子内壁的摩擦比水对瓶子内壁的摩擦要大得多，而且沙子之间还会有摩擦。因此在坡度以及坡面光滑度相同的情况下，同等重量的装沙子的瓶子滚动速度比装水的瓶子要慢。

活动 72　自制陀螺

适合班级：中、大班

材料准备：废旧光盘、水彩笔、各种颜色的即时贴

制作方法：

用各种即时贴装饰光盘，然后将粗细适中的水彩笔从光盘中间的小孔穿入，并固定住。（见"自制陀螺图1、2"）

自制陀螺图 1

自制陀螺图 2

实验操作：

让幼儿用力拧转陀螺，然后放手，让陀螺旋转，看谁的陀螺旋转时间最长。

教师指导建议：

- 指导幼儿分别用水彩笔的两头做支点，观察旋转速度和时间的不同。
- 观察陀螺旋转速度不同时，光盘上即时贴颜色的变化。
- 调整支点距离地面的距离，观察陀螺旋转时间长短的变化。
- 指导幼儿用不同的力度旋转陀螺，观察陀螺旋转的时间长短。

拓展与替代：

◆ 可使用卡纸、火柴棒或其他材料制作陀螺。（见"自制陀螺图 3、4"）

◆ 用红、黄、蓝三种颜色中任意两种颜色装饰陀螺，进行三

原色实验。

◆ 让幼儿在生活中玩各种各样的陀螺。

自制陀螺图 3

自制陀螺图 4

科学小知识

陀螺是中国古老的儿童玩具，是在地上转的回转体。陀螺在旋转的时候，不但围绕它本身的轴线转动，而且还围绕一个垂直轴做锥形运动。要让陀螺立起来，必须不断地施加外力，一旦失去外力的帮助，陀螺很快就会倒下来，因为陀螺的支点太小，无法支撑自身的重量。陀螺转动的时间长短与支点距离地面的远近、旋转时的用力大小、支点与地面接触面积和摩擦力有关。

活动 73　弹性玩具

适合班级：小、中、大班

材料准备：各种弹簧玩具、有弹性的各种材料

制作方法：成品

实验操作：

（1）将弹簧玩具吊在空中，让幼儿用手向下拉动玩具，观察松手后有什么变化。（见"弹性玩具图1"）

（2）让幼儿用大拇指往上顶长颈鹿弹簧玩具的底部，长颈鹿的腿就会像跳舞一样动起来。（见"弹性玩具图2"）

（3）让幼儿操作并探索橡胶皮球、皮筋等材料的弹性。

教师指导建议：

- 提醒幼儿在拉动弹簧玩具时不要过于用力，以免拉坏弹簧或伤到自己。
- 引导幼儿用不同的力度顶长颈鹿玩具的底部，观察长颈鹿腿弹跳的高度变化。
- 引导幼儿观察、比较各种弹性材料，感知不同质地物体的不同弹性。

拓展与替代：

◆ 用弹簧或纸条自制弹性玩具。（见"弹性玩具图3"）

◆ 观察生活中带弹性的物品、材料，如蹦蹦床、羊角球、弹簧秤等，了解弹性在生活中的应用。

科学小知识

物体在力的作用下发生的形状或体积改变叫做形变。在外力停止作用后，能够恢复原状的形变叫做弹性形变。弹性是物体本身的一种特性。发生弹性形变的物体，会对跟它接触的物体产生作用力，这种力叫弹力。弹簧玩具的弹簧发生弹性形变后，需要恢复原来的状态，因此弹力释放出来，带动玩具跳动。弹簧的形变与它的弹力成正比，即形变越大，弹力越大；形变越小，弹力越小。

弹性玩具图1

弹性玩具图2

弹性玩具图3

幼儿园科学区（室）：科学探索活动指导113例

活动 74 会翻跟头的小胶囊

适合班级：中、大班

材料准备：3个空胶囊、1粒钢珠、若干小沙粒、1块棉花、1块硬纸板、若干积木

制作方法：

（1）分别将钢珠、沙粒、棉花装入3个空胶囊里。（见"会翻跟头的小胶囊图1"）

（2）把几块积木摞起来，把硬纸板的两边折起来做成一个轨道，并把它的一端搭在积木上，形成一定的坡度。

实验操作：

（1）把装有钢珠的胶囊放在倾斜的硬纸板上，就会看到胶囊不断地翻起跟头来。（见"会翻跟头的小胶囊图2"）

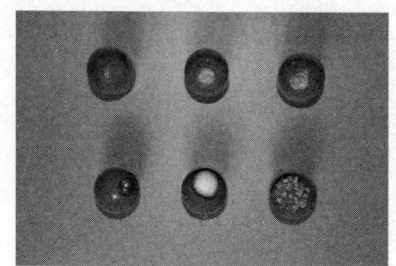

会翻跟头的小胶囊图1

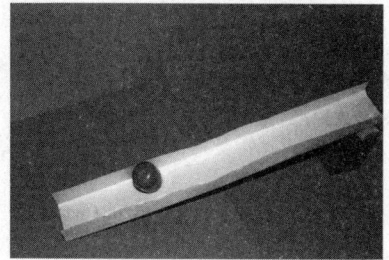

会翻跟头的小胶囊图2

（2）把另外两个胶囊也分别放在硬纸板上，观察其是否会翻跟头。

教师指导建议：

● 引导幼儿观察硬纸板倾斜的角度不同，装有钢珠的胶囊翻跟头的速度就会不同。

● 指导幼儿观察、比较胶囊内装的材料不同，胶囊的运动情况也不同。

拓展与替代：
◆ 寻找类似于胶囊的长椭圆形物品代替胶囊进行实验。
◆ 寻找能滚动的其他材料代替钢珠，让胶囊翻跟头。
◆ 将装有钢珠的胶囊放在纸盒内，任意倾斜纸盒，观察胶囊的翻动方向。

科学小知识

当把带有钢珠的胶囊放在斜面上时，钢珠在重力的作用下滚动带动胶囊下滑，同时改变胶囊的重心。在不断下滑的过程中，胶囊的重心也在不断改变，就会不停地翻跟头。而沙粒和棉花等物质不具有在斜面上滚动的性质，所以它们不能改变胶囊的重心，胶囊也就不能翻跟头。

活动 75　神奇的纸桥

适合班级：中、大班

材料准备：不同材质的纸张（硬卡纸和包装纸）、积木

制作方法：用折、卷等方法将纸做成不同的桥面，两端各摞相同数量的积木做桥墩。

实验操作：

（1）在桥墩间距离不变的情况下，用相同材质的纸（硬卡纸）做成不同的桥面，在上面码放积木，看哪种桥面的承重力大。（见"神奇的纸桥图 1、2"）

（2）在桥墩间距离不变的情况下，用不同材质的纸（硬卡纸和包装纸）做成相同的桥面，在上面码放积木，看哪种桥面的承重力大。（见"神奇的纸桥图 3、4"）

（3）在桥面材质不变的情况下，调整桥墩之间的距离，观察桥面承重力的变化。

教师指导建议：

- 指导幼儿尽可能制作多种形状的桥面，反复实验。
- 引导幼儿探索桥面承重力的大小与桥面材质、形状、桥墩距离之间的关系。

拓展与替代：

◆ 桥面不变，改变桥墩的材质、粗细、高矮、形状等进行实验。（见"神奇的纸桥图 5"）

◆ 引导幼儿制作纸桌、纸凳等进行游戏。（见"神奇的纸桥图 6"）

◆ 用各种材料做桥面（海绵、吹塑板、塑料板等），比较其承重力的不同。

科学小知识

一张纸能承受多大的压力，主要取决于纸张受力时的弯矩。弯矩即纸张的受力点和受反作用力的点之间的距离。弯矩越大，纸张承受的力越大，反之越小。直接把重物放在纸上，则纸的受力点和受反作用力点几乎在同一位置上，因此弯矩小，所承受的力就最小。把重物放在竖直的纸卷上，纸的弯矩较大，因此承受的力较大。

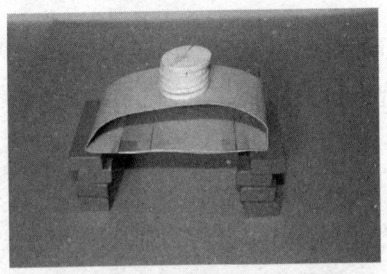

神奇的纸桥图1

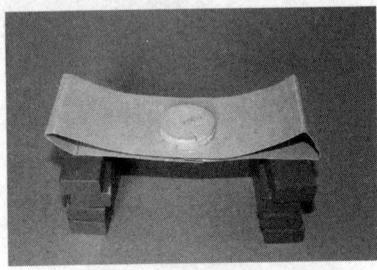

神奇的纸桥图2

神奇的纸桥图3

神奇的纸桥图4

神奇的纸桥图5

神奇的纸桥图6

活动 76 有趣的多米诺骨牌

适合班级：中、大班
材料准备：多米诺骨牌
制作方法：成品
实验操作：

让幼儿将多米诺骨牌竖起来按适当间距进行排列，看谁摆得最长，并能一次推倒。（见"有趣的多米诺骨牌图1、2"）

有趣的多米诺骨牌图 1

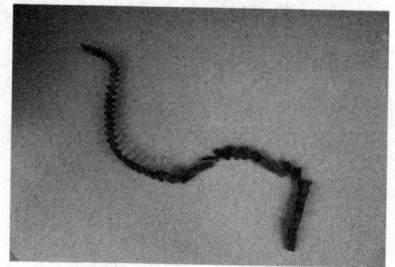

有趣的多米诺骨牌图 2

教师指导建议：

- 提醒幼儿在摆放多米诺骨牌时，间距不能太大，以推倒后能碰到下一个为宜。
- 在骨牌倒下的过程中，引导幼儿观察前后骨牌倒下的速度是否相同。
- 引导幼儿将多米诺骨牌排列成各种图案，以增加游戏的乐趣。

拓展与替代：

◆ 可使用其他材料代替多米诺骨牌，如积木、麻将牌等。
◆ 带幼儿玩击倒瓶游戏，在10个矿泉水瓶里装入少量的水或沙子，排成各种形状（一横排、一竖排或排成三角形），用各种球击打，试试怎样摆放，打倒的瓶子多，怎样击打能打到更多的瓶子。
◆ 搜集、观看有关多米诺骨牌比赛的影像资料。

科学小知识

骨牌游戏最初源于中国，后来一位名叫多米诺的意大利传教士把这种骨牌带回了米兰，制作了大量的木制骨牌，并发明了各种玩法，成了欧洲人的一项高雅游戏，这种骨牌游戏被命名为"多米诺"。

玩时，将骨牌按一定间距竖着排列成行或排成一片。骨牌竖着时，重心较高，当第一枚骨牌被碰倒时，它的重心下降，在倒下的过程中，将其重力转化为动能，当它倒在第二张牌上时，这个动能就转移到第二张牌上，以此类推，每张牌倒下的时候，具有的动能都比前一张牌大，因此它们倒下的速度一个比一个快，推倒的能量一个比一个大，这就是力的传递现象。

活动 77　不落的小球

适合班级：中、大班

材料准备：乒乓球、玻璃瓶（瓶口比乒乓球略大）

制作方法：成品

实验操作：

把乒乓球放在桌上，玻璃瓶瓶口朝下，罩在乒乓球上。在桌面上快速旋转玻璃瓶，观察乒乓球在瓶内的运动。（见"不落的小球图1"）

教师指导建议：

- 提示幼儿旋转速度可由慢到快，并观察速度快慢对乒乓球的影响。
- 引导幼儿在让乒乓球快速旋转后，尝试将玻璃杯从桌面上移开，继续旋转，观察玻璃杯里乒乓球的变化。

拓展与替代：

在剪掉瓶口的矿泉水瓶上面或铁罐头瓶的瓶口上绑上绳子，将水装入瓶子，引导幼儿按着顺时针或者逆时针方向由低处逐渐向高处迅速旋转，观察水是否会洒出。（见"不落的小球图2"）

科学小知识

物体在旋转过程中，会产生一种背离旋转中心的力，这就是离心力。当我们旋转玻璃杯时，带动乒乓球旋转，乒乓球被离心力压到了瓶壁上，产生要突破旋转轨道外逃的倾向。而较窄的瓶口能阻止乒乓球被甩出去，所以不会发生球掉落的情况。

不落的小球图1

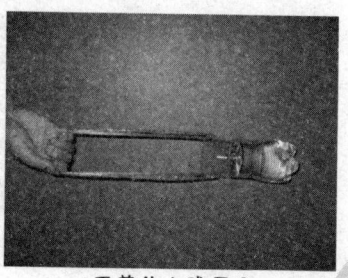

不落的小球图2

活动 78　不一样的滚动

适合班级：中、大班

材料准备：皮球、薯片罐、纸杯、小木棍

制作方法：成品（见"不一样的滚动图1"）

实验操作：

让幼儿用手滚动皮球、薯片罐、纸杯，观察它们滚动的路线有什么不同。

教师指导建议：

- 指导幼儿观察皮球、薯片罐、纸杯的外部形状，并探究其形状与滚动路线的关系。
- 让幼儿将皮球、薯片罐、纸杯当做小猪，一起玩"赶小猪"的游戏，试一试哪只小猪最容易被赶，哪只小猪最听话。（见"不一样的滚动图2"）
- 让幼儿将皮球、薯片罐、纸杯当做足球，一起玩"踢球进门"的游戏，体验它们不一样的滚动路线。（见"不一样的滚动图3"）

不一样的滚动图1

不一样的滚动图2

不一样的滚动图3

拓展与替代:

引导幼儿在周围生活中找一找还有哪些形状的物体会滚动,观察它们的滚动路线有什么不一样。

科学小知识

球体的任何一个面都是圆的,所以它会向任一方向滚动;圆柱体可以被看做是由无数个圆环组成的,且圆环的直径都相同,所以它在沿着圆柱中轴滚动时,路线是直的;圆锥体因一头大,一头小,所以在滚动时会发生倾斜,绕着顶点滚动成圆形路线。

活动 79　会摆动的玩具

适合班级：小、中班

材料准备：重量相等的毛绒玩具3个、长度不同的绳子3根、塑料棍1根

制作方法：
将毛绒玩具用长短不同的绳子悬挂在塑料棍上。

实验操作：
让幼儿用相同的力气沿相同的方向推动3个玩具，观察玩具会怎样摆动，是否会自己停止摆动。

教师指导建议：
- 引导幼儿观察有不同长度绳子的玩具，摆动时的幅度和速度有什么区别。
- 引导幼儿向不同的方向推动3个玩具，观察摆动方向的不同。
- 推动玩具时提醒幼儿注意安全，不要用力过大，不要被摆动的玩具碰伤。

拓展与替代：
在日常生活中请幼儿观察钟摆和秋千。

科学小知识

力是改变物体运动状态的原因，有力作用在静止的物体上，物体才能从静止变成运动。当幼儿推动玩具时，玩具像钟摆一样来回摆动；不推动的时候，玩具仍然受到重力的作用，所以它会在重力的作用下最后停下来。当物体质量、推动物体的力气和方向不变的情况下，物体摆动的幅度大小与速度快慢和摆绳的长度有关。摆绳越长，物体摆动的幅度越大，摆动速度越慢；摆绳越短，物体摆动的幅度越小，摆动速度越快。

活动 80　拉不开的书

适合班级： 中、大班
材料准备： 任意两本图书
制作方法： 成品
实验操作：

请幼儿自由尝试把两本书的书页交叉在一起，交叉得越多越好，然后拉开，会发现书页交叉得越多越难被拉开。（见"拉不开的书图"）

教师指导建议：

- 幼儿可以随意把两本书交叉在一起，教师不要过多干涉。
- 交叉书页时可能会出现多种情况，如有的书页交叉后重叠的面积大，有的重叠的面积小，有的交叉的页数多，有的交叉的页数少，教师应鼓励幼儿进行多种尝试，比较拉开书时所用力的不同。

拉不开的书图

拓展与替代：

用各种各样的纸、塑料布等材料代替书进行实验。

科学小知识

交叉在一起的两本书拉开的难易程度与摩擦力有关。当两本书的书页交叉在一起时，重叠的面积越大、交叉在一起的页数越多，摩擦力越大，就越难被拉开；重叠的面积越小、交叉在一起的页数越少，摩擦力越小，就越容易被拉开。

活动 81　奇妙的滑轮

适合班级：中、大班

材料准备：衣服撑子、空线轴、细绳、细木棍、小手电筒

制作方法：将一个线轴从衣服撑子接口处套入，再把撑子还原，做成一个定滑轮。

实验操作：

（1）将绳子的一端系在小手电筒上，另一端从线轴中间绕过，用手向下拉动绳子另一端，把手电筒从下面拉上来。（见"奇妙的滑轮图1"）

（2）将一个线轴直接缠绕在绳子上，做成一个动滑轮，让幼儿用手拽小手电筒。

教师指导建议：

- 自制滑轮时注意衣服撑子的安全。
- 让幼儿比较用手拿东西和用定滑轮"拿"东西，二者在用力大小和用力方向上是否相同。
- 让幼儿比较用动滑轮拉东西和用手拿东西，二者在用力大小和用力方向上是否相同。

拓展与替代：

◆ 小手电筒可以用其他物品代替，并同时进行两个滑轮的组合，让幼儿体验用力大小。

◆ 可以直接买现成的滑轮来制作玩具。（见"省力的滑轮图2"）

◆ 自制辘轳井玩具，体验滑轮在生活中的应用。

科学小知识

滑轮是一个周边有槽，能够绕轴转动的小轮，它可以做成定滑轮、动滑轮和滑轮组。轴的位置固定不动的滑轮，被称为定滑轮。定滑轮可以改变力的方向，但不能很省力地拉动物体；轴的位置随被拉物体一起运动的滑轮被称为动滑轮，动滑轮不可以改变力的方向，但能很省力地拉动物体；滑轮组结合了定滑轮和动

滑轮的特点，这样既可以改变力的方向，又能很省力地拉动物体。滑轮组中动滑轮用的越多越省力。一般生活中用到的多是滑轮组，它方便了我们的生活。

奇妙的滑轮图1

奇妙的滑轮图2

活动82 常用工具

适合班级：中、大班

材料准备：剪刀、钳子、羊角锤、筷子、螺丝刀等生活中常用的工具以及珠子和纸

制作方法：成品（见"常用工具图"）

实验操作：

（1）请幼儿用筷子夹珠子，用剪刀剪较厚的纸张，以体验工具的便利。

（2）引导幼儿玩其他工具，看怎样使用费力，怎样使用省力。

常用工具图

教师指导建议：

● 让幼儿认识日常生活中用到的工具等，了解它们各自的特点和作用。

● 提醒幼儿在使用工具时要注意安全。

拓展与替代：

◆ 请家长和幼儿一起寻找生活中还有哪些工具，它们各有什么作用。

◆ 在生活中鼓励幼儿自己学习使用简单的工具解决问题。

科学小知识

杠杆可分为省力杠杆、费力杠杆和等臂杠杆。筷子是一个费力杠杆，动力是手指对筷子的作用力，一般在筷子中点上下；阻力是菜阻碍筷子合拢的力，一般作用在筷子头上，所以它是一个动力臂小于阻力臂的杠杆，费力、省距离。费力杠杆还有火钳、镊子、铡刀等。剪刀则是省力杠杆，它省力、费距离。省力杠杆还有用来拔铁钉的羊角锤、瓶盖起子、老虎钳、指甲钳、撬棍、压水井手柄、刹车脚踏板等。

活动83 量一量

适合班级： 大班

材料准备： 塑料直尺、软尺、卷尺、绳子、书本

制作方法： 成品（见"量一量图1"）

实验操作：

鼓励幼儿用塑料直尺量一量书本、用软尺量一量其他小朋友的胸围、用卷尺量一量其他小朋友的升高，并记录测量结果。（见"量一量图1、2、3、4"）

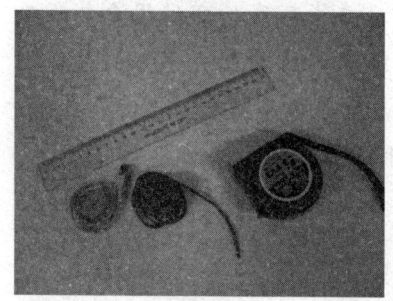

量一量图1

量一量图2

量一量图3

量一量图4

教师指导建议：

- 指导幼儿学习正确的测量方法。
- 记录测量结果时，提醒幼儿不仅要记录数字，还要记录测量单位。
- 引导幼儿尝试用各种方法进行自然测量（如目测）。

拓展与替代：
◆ 引导幼儿在生活中随时对观察到的物体进行自然测量。
◆ 引导幼儿在斜坡实验中使用各种尺子测量小汽车滑行的距离。

科学小知识

在生活、生产和科学研究中，经常要进行长度的测量。在古代，人们就学会了利用身体某部分、身边的物品等作为测量的单位。现在国际上统一实行的长度基本单位是米（m），常用的单位有千米（km）、分米（dm）、厘米（cm）、毫米（mm）、微米（μm）、纳米（nm）。

有时人们对测量结果的精确度要求不高，可借用自然现象或身边的物品进行估测；对测量结果的精确度要求很高时，则要选择适宜的测量工具进行测量。使用尺子测量长度时要注意：尺子要沿着所测长度放，尺边对齐被测对象，必须放正重合，不能歪斜。读数时，视线应与尺面垂直。多次测量求平均值能减小测量误差。此外，选用精密仪器、改进测量方法也可以减小误差。

主题六　光与影

活动 84　平面镜照照照

适合班级：小、中、大班

材料准备：大小相同的平面镜、小玩偶

制作方法：成品

实验操作：

（1）将小玩偶放在平面镜前，并前后移动，观察小玩偶在镜中的成像。

（2）让两面大小相同的镜子面面相对，中间摆放小玩偶，观察其在镜中的成像。

（3）把两面平面镜的边靠在一起形成夹角，中间摆放小玩偶，反复改变夹角大小，观察镜中成像。（见"平面镜照照照图"）

（4）引导幼儿玩捉光斑游戏：用小镜子把太阳光反射到物体或墙面上，形成光斑，让幼儿相互捕捉。

平面镜照照照图

教师指导建议：

- 引导幼儿感知物体与镜面距离不同时，所成像的大小却是相同的，且与物体等大。
- 当物体在镜中成像后，引导幼儿到镜子后面寻找所形成的像，从而明白平面镜成的像是虚像。
- 引导幼儿探索两面镜夹角越小，镜中成像越多。
- 捉光斑游戏可在室内玩，也可在室外玩。提醒幼儿注意，不要把光斑反射到同伴脸上。

拓展与替代：

◆ 引导幼儿观察生活中的各种镜面。
◆ 用铝塑板、钢板、锡箔纸等其他成像材料代替镜子，让幼儿了解材料不同产生的光斑亮度不同。
◆ 在小镜子上贴上飞机等各种图案，镜子反射太阳光，可以在墙面上看到与图案相对应的光斑。
◆ 引导幼儿在生活中观察水面倒影。

科学小知识

平面镜中的像是由光的反射形成的，所以平面镜中的像是虚像。虚像与物体等大，与物体离平面镜的远近无关。虚像到平面镜的距离与物体到平面镜的距离相等，所以像和物体对镜面来说是对称的。

由任意有夹角的两个平面镜构成的系统成像，除了每个平面镜各成一个像外，光线还可能在两个平面镜之间相继发生一系列反射，而每次反射都会产生一个像，像的数量多少与两个平面镜之间的夹角大小有关系。

活动 85　神奇的放大镜

适合班级：中、大班

材料准备：放大镜、平面镜、各种实物或标本、黑色纸张、白纸、剪刀

制作方法：成品

实验操作：

（1）让幼儿用放大镜观察各种实物或标本。

（2）引导幼儿观察比较同一种物体在平面镜与放大镜下的不同。

（3）指导幼儿用放大镜点火：天气晴好时，取一张纸，然后将放大镜放在太阳光底下且放大镜的焦点对准纸张，过一段时间纸就会被点燃。（见"神奇的放大镜图 1"）

神奇的放大镜图 1

（4）引导幼儿玩小鸡翻身游戏：取一张黑纸，剪成放大镜镜面大小，在纸中间剪一只镂空的小鸡，再把纸粘贴在放大镜上。然后把放大镜对准阳光，并在放大镜的对面放一张白纸。当放大镜离白纸近时，会在纸上看到站立的小鸡。当放大镜离白纸远时，会在纸上看到小鸡翻身了。（见"神奇的放大镜图 2、3"）

教师指导建议：

● 教幼儿学会使用放大镜。

● 引导幼儿不断变化物体与放大镜之间的距离，观察镜中成像的变化。

● 玩用放大镜点火游戏时，提示幼儿注意安全。

拓展与替代：

请幼儿观察生活中哪些物品利用了放大镜的原理。

神奇的放大镜图2　　　　　神奇的放大镜图3

科学小知识

放大镜是由透明物质制成的、中央部分比边缘部分厚、能使光线汇聚的透镜。

放大镜通过折射将光线聚拢，使焦点物体的温度提高以逐渐达到燃点。放大镜的直径越大，焦点温度越高；直径越小，焦点温度越低。

从透镜的光心到光聚集之焦点的距离，叫做焦距。物体在放大镜的一倍焦距内成正立放大的虚像；物体在大于一倍焦距小于两倍焦距的地方成倒立放大的实像；物体在两倍焦距处成倒立等大的实像；物体在大于两倍焦距的地方成倒立缩小的实像。

活动 86 有趣的哈哈镜

适合班级：小、中、大班
材料准备：凹面镜、凸面镜
制作方法：成品（见"有趣的哈哈镜图"）
实验操作：
让幼儿站到哈哈镜前，观察他们自己在镜中所成像的变化。

有趣的哈哈镜图

教师指导建议：
- 请幼儿触摸哈哈镜镜面，感知镜面的弧度。
- 引导幼儿比较不同的哈哈镜镜面所成像的不同。
- 引导幼儿观察人与哈哈镜镜面的距离不同，成像也会不同。

拓展与替代：
◆ 寻找生活中能体现哈哈镜原理的物品，如光亮的纽扣、电镀的小勺、车灯、车铃等。
◆ 吹泡泡时，让幼儿试试能否在泡泡上看到自己的像。

科学小知识

哈哈镜成像利用的是平面镜成像的原理，是由光的反射形成的虚像。哈哈镜的镜面是有弧度的，有的是凸镜，有的是凹镜。哈哈镜就是因为镜面凸凹不同，因而所成的像才会有各种变形。哈哈镜的凹镜所成的是放大的虚像，离镜面越远，像放大得越小；哈哈镜的凸镜所成的是缩小的正立的虚像，离镜面越远，像越小。如果把哈哈镜镜面做成上凸下凹的，照出来的人就是头小身体大了；如果把镜面做成上凹下凸的，照出来的人就是头大身体小的。要是将哈哈镜镜面做成各部分凹凸不平的，照出的来人就是歪七扭八的"丑八怪"了。

活动 87　能干的潜望镜

适合班级： 大班

材料准备： 一根 PVC 管、两面大小相同的平面镜、两个 PVC 管弯头（弯头的直径要比小镜子稍大）

制作方法：

（1）将 PVC 管截成一长两短三段，两段短管要一样长。（见"能干的潜望镜图 1"）

（2）将两面小镜子分别倾斜 45°且镜面平行相对，然后把它们放入两个弯头内并固定住。（见"能干的潜望镜图 2"）

（3）长管在中间，短管在两头并且方向相反，用弯头连接起来，即成一个简单的潜望镜。（见"能干的潜望镜图 3"）

实验操作：

让幼儿试试在潜望镜中能看到什么。（见"能干的潜望镜图 4"）

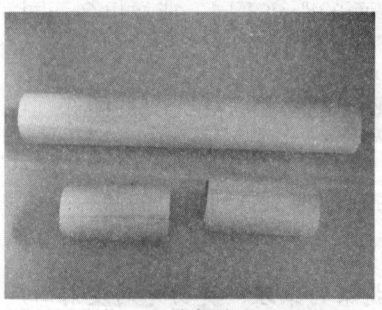

能干的潜望镜图 1

能干的潜望镜图 2

能干的潜望镜图 3

能干的潜望镜图 4

教师指导建议：
- 将潜望镜的一半放入纸箱，请幼儿在纸箱里利用潜望镜观察纸箱外的事物。
- 引导幼儿用潜望镜观察不同位置的物体。

拓展与替代：
观看视频或图片资料，了解潜望镜的作用，特别是其在海上军事中的应用。

科学小知识

潜望镜是根据光的直线传播和反射原理设计而成的。光线通过一块45度夹角的镜子，和另一块与之平行的镜子的两次反射，就会改变光线线路，所以我们就能利用它观察到不同位置的物体。

活动88　美丽的万花筒

适合班级：大班

材料准备：3块大小相等的长方形镜子、长方形硬纸板（宽度与镜子的长度相同，长度是镜子的4倍镜宽）、彩色碎纸屑、圆形透明盒、有孔塑料盒、彩色即时贴、胶带

制作方法：

（1）把三面镜子镜面朝内粘贴成一个中空的三棱柱体，然后把薄纸板卷成比圆形透明盒直径略小的纸筒，并用即时贴装饰。(见"美丽的万花筒图1")

（2）把做好的三棱柱镜片放入纸筒，把彩色碎纸屑放入透明盒内，纸筒的一端套到透明盒上，然后把有孔塑料盒（直径与透明盒一样）套在纸筒的另一端，做成万花筒。(见"美丽的万花筒图2、3")

实验操作：

通过万花筒一端的小孔往另一端看，可以看到镜面上有美丽的图案。旋转另一端的透明盒，可以看到美丽的图案千变万化。

教师指导建议：

● 制作万花筒的镜子，为安全起见最好选用PC镜（由塑料制作，不会伤手）或其他安全的反光材料。如果要使用玻璃镜子，一定要注意幼儿的安全。

● 制作万花筒的硬纸板要足够长，这样卷成纸筒时才能盛得下三棱镜；透明盒和空塑料盒的直径要比纸筒的直径略大。

● 制作万花筒时，为看到清晰的图案，对镜筒的规格有一定的要求，一般的规格是筒长：直径 = 6：1。

拓展与替代：

◆ 万花筒中的镜子一般是3面，也可以尝试用多面镜子制作，镜子的大小不同、镜子的夹角不同，会得到全然不同的效果。

◆ 有条件的幼儿园可以购买成品供幼儿游戏。

- 万花筒下端的透明盒可用其他材料如凸透镜或玻璃球来替代，引导幼儿看看有什么变化。
- 透明盒内的彩色碎纸屑可以用彩色塑料片代替。

科学小知识

万花筒是利用镜子的反射原理制成的。它是由三面玻璃镜组成一个三棱镜，再在一头放上一些彩色碎片，这些碎片经过三面玻璃镜子的反射，就会出现很多图案，看上去非常美丽。

美丽的万花筒图1

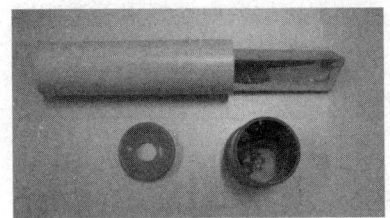

美丽的万花筒图2

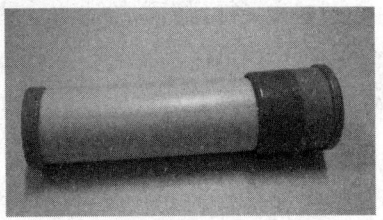

美丽的万花筒图2

活动89　影子的形成

适合班级：中、大班

材料准备：手电筒、小玩偶（不透明物体）、玻璃杯（透明物体）、塑料杯（半透明物体）、记录纸、笔

制作方法：成品

实验操作：

（1）把三种物体放在地板上，让幼儿用手电筒分别照射，观察并记录其影子。

（2）变换手电筒位置照射小玩偶（不透明物体），观察、记录玩偶形成的影子。

（3）手电筒不动，变化小玩偶离手电筒的距离，观察其影子大小的变化。

教师指导建议：

● 为了得到满意的活动效果，活动教室的窗户最好用不透明窗帘遮挡住。

● 引导幼儿分析影子形成的原因及光源位置对影子的影响。

拓展与替代：

◆ 有条件的幼儿园可以提供投影仪、应急灯、聚光灯等供幼儿做游戏。

◆ 观察夜晚中物体的影子，并寻找光源。

◆ 在户外选择一样物体，让幼儿画下该物体在一天中影子的变化，并进行测量与记录。

科学小知识

光在直线传播时如果被不透明物体挡住，就会在物体背面形成影子。光可完全透过透明物体，所以完全透明的物体不能形成影子；光穿过半透明的物体时会透出一部分光，形成一个半透明的影子。光照射角度不同，影子的形状、大小就会不同。物体离光源的距离不同，影子的大小也不同。

活动 90　彩色的影子

适合班级：中、大班

材料准备：相同大小的矿泉水瓶3～5个、水彩笔颜料、手电筒、纸盒、白布、水

制作方法：

（1）在矿泉水瓶内分别加入不同颜色的水彩笔颜料和水，搅拌均匀，制成彩色水。

（2）剪去大纸盒的上面部分，底面铺上白布，制成投影屏幕。

实验操作：

把彩色水瓶放入盒内，置于白布前，且与白布有一定的距离间隔。用手电筒照射彩色水瓶，彩色水瓶就会在纸盒内的白布上出现半透明的彩色影子。（见"彩色的影子图"）

教师指导建议：

为了得到满意的活动效果，最好引导幼儿在黑暗的房间里进行实验。

拓展与替代：

引导幼儿观察日常生活中各种物体的影子，发现影子的颜色深浅不一。

彩色的影子图

科学小知识

光可透过透明物体，由于水彩笔颜料具有半透明的特性，所以光就会穿过彩色瓶子，形成了彩色的影子。如果物体遮光性能好的话，影子应该都是黑色的。

活动 91　影子消失了

适合班级：中、大班

材料准备：不透明的布料、木板

制作方法：成品

实验操作：

（1）为幼儿提供布料、木板等物品,看幼儿能否让他们自己在太阳光底下的影子消失。

（2）在光照不到的阴影里,引导幼儿观察他们是否还有影子。

教师指导建议：

● 在阳光下引导幼儿观察自己的影子,并鼓励他们尝试用各种方法让自己的影子消失。

● 注意引导幼儿探索影子与光源的关系。

拓展与替代：

◆ 引导幼儿在室内利用应急灯、手电筒、电灯、投影仪等作为光源玩影子游戏,看看影子的变化,并探索如何让影子消失。

◆ 让幼儿简单了解医院手术台用的无影灯。

科学小知识

物体只有在光源照射下才可能出现影子,没有光肯定就没有影子。此外,我们仔细观察电灯光下的影子,会发现影子中部特别黑暗(本影),四周稍浅(半影)。当同时用几个光源强度相同的电灯从同一高度的不同角度照射物体时,本影就消失了,半影也就淡得看不见了。无影灯就是依据这个原理制成的。当光强度很大的几个灯在灯盘上排列成圆形,合成一个大面积的光源时,就从不同的角度把光线照射到手术台,从而不至于产生明显的影子。

活动 92 影子多多

适合班级：中、大班

材料准备：多个不同光源强度的手电筒、各种不透明的小物件或玩偶

制作方法：成品

实验操作：

（1）用一把手电筒照射某一个不透明的小物件或玩偶，观察其影子的个数。

（2）用两个或多个手电筒从不同高度、不同角度同时照射这一个小物件或玩偶，观察其影子的变化。（见"影子多多图"）

教师指导建议：

- 引导幼儿观察随着照射玩偶的手电筒数量的增加，影子的数量也在变化。
- 提示几个幼儿一起进行实验，共同探索影子的变化。

拓展与替代：

观察夜晚在多个灯光照射下物体的影子，寻找日常生活中的多影现象。

🔬 **科学小知识**

不透明物体被光源照射就会出现一个影子。在不同角度、不同高度的多个光源照射下，不透明物体就可能会出现多个影子。

影子多多图

活动 93 影子表演

适合班级：中、大班

材料准备：白色不透明幕布、手提式应急灯、硬卡纸、小木棒、线、细皮筋

制作方法：

（1）用剪纸的方法在硬卡纸上剪或刻出某个人物或动物形象。（见"影子表演图"）

（2）以关节活动处为界，将各组成部分剪下，关节活动处用细皮筋连接制成"皮影"。在适当部位绑上细线，然后把细线绑在小木棒上即可。

实验操作：

（1）让幼儿自由操纵剪纸，观察其影子变化。

（2）让幼儿站在幕布前变换身体姿态，进行身影表演。

（3）让幼儿站在幕布前操纵小木棒，配以音乐或故事进行纸影表演。

教师指导建议：

● 幼儿进行表演时教师要注意光源的位置，提醒幼儿注意安全。

● 在游戏时，教师可为幼儿提供熟悉的音乐或故事磁带。

影子表演图

拓展与替代：

◆ 引导幼儿玩手影游戏，体验影子的奇妙变化。

◆ 用胶片代替纸制作"皮影"，供幼儿表演用。

◆ 提供手影、皮影的视频资料和动画片供幼儿观赏。

◆ 教师和幼儿一起在户外玩踩影子游戏。

科学小知识

皮影戏，是一种用灯光照射由兽皮或纸板做成的人物剪影以表演故事的民间戏剧。表演时，艺人们站在白色幕布后面，一边操纵戏曲人物，一边用当地流行的曲调唱述故事，同时配以打击乐和弦乐，具有浓厚的乡土气息。在河南、山西农村，这种拙朴的民间艺术形式很受人们的欢迎。因为皮影制作工艺复杂，所以一般用纸或胶片代替。

活动 94　自制彩虹

适合班级：中、大班

材料准备：平面镜、盛有水的水盆、喷水壶、三棱镜

制作方法：成品

实验操作：

（1）盆中装水，然后将水盆放在阳光能够照射到的教室的墙面底下，将平面镜镜面面向水盆斜靠在盆边。当阳光照射在水面上时，水折射阳光成七彩光，并反射到镜子上，镜子再把七彩光反射到对面墙上形成彩虹。

（2）阳光下，让幼儿用喷水壶向空中喷洒水，便可看到彩虹。

（3）将三棱镜放在充足的阳光底下，光照射到三棱镜上后，就会发生折射，形成彩色光带，类似彩虹。（见"自制彩虹图"）

教师指导建议：

- 户外引导幼儿观察彩虹时要注意背对太阳。
- 喷水壶向空中喷洒时注意高度和弧度。

拓展与替代：

◆ 让幼儿观察雨后的彩虹。

◆ 光照到玻璃镜或透明水杯上时，也会折射出彩色光斑。

◆ 有条件的幼儿园白天可以带幼儿去看室外喷泉，天气晴好、阳光充足时就会看到喷泉中的彩虹。

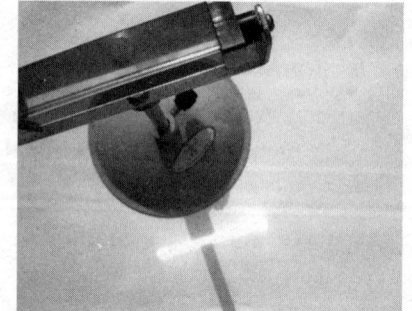

自制彩虹图

科学小知识

太阳光是由红、橙、黄、绿、青、蓝、紫七种波长不同的色光组成的。当太阳光穿过空气，被水或玻璃折射或反射后发生色散，便形成了彩虹。

活动 95 变色的陀螺

适合班级：中、大班

材料准备：火柴棒、薄纸板、彩色蜡笔

制作方法：

将薄纸板剪成小圆片，在圆片上画上自己喜欢的图案，圆心处扎一个孔，然后把火柴棒插入小孔，陀螺即制作完成。（见"变色的陀螺图"）

实验操作：

让幼儿任意在陀螺面上涂色（单色、多色），然后转动陀螺，感受陀螺旋转时颜色的奇妙变化。

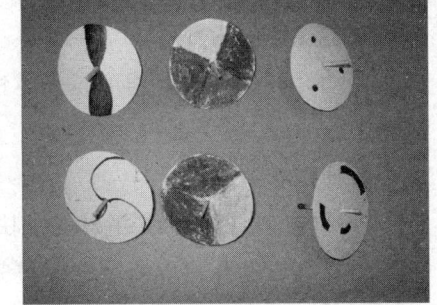

变色的陀螺图

教师指导建议：

- 引导幼儿观察单色陀螺旋转时的变化。
- 引导幼儿观察陀螺旋转速度不同，颜色的不同变化。
- 指导幼儿在旋转陀螺时，火柴棒的头朝下进行旋转。

拓展与替代：

◆ 可用牙签或其他一端尖的材料等代替火柴棒。
◆ 可用光盘、雪花片等做陀螺的面。
◆ 有条件的幼儿园可以购买多种成品供幼儿游戏。
◆ 教师和幼儿一起玩抽陀螺游戏。

科学小知识

物体在快速运动时，我们眼睛所看到的物体影像消失后，仍能暂时保留其影像。彩色陀螺快速旋转时，人眼跟不上其飞速变化，所以会出现图案改变或色混现象。

活动96 老虎进笼

适合班级：小、中、大班

材料准备：大小相同的圆形硬卡纸两张、木棍、彩笔

制作方法：

在一张硬卡纸上画一个笼子，在另一张硬卡纸的中间画一只老虎，然后把两张硬卡纸背靠背贴在一起，中间粘一根木棍做柄。（见"老虎进笼图"）

实验操作：

让幼儿转动木棍，速度越来越快，我们就会看到老虎好像进入笼中。

教师指导建议：

（1）转动木棍时，提醒幼儿加快速度，效果会更好。

（2）大班幼儿可以自制老虎进笼，注意提醒他们将笼子和老虎画在两张纸上的相同位置。

拓展与替代：

◆ 运用相同原理，做"鸟儿飞翔"的实验。把一张长方形纸，折成4个相同大小的正方形。在每个正方形的中间，画上一只姿态不同的鸟儿，分别为翅膀向上飞、水平飞、向下飞、水平飞。然后把四张纸向中间依次贴在一起，图像在外，组成一个十字，中间粘一根小棒。转动小棒，就会看到鸟儿飞起来了，转动得越快，鸟儿飞翔得越快。（见"鸟儿飞翔图1、2"）

◆ 自制小动画：把一个运动中的图像分解成若干静止的图像，每一个图像绘制在一张纸上的相同位置，然后按照顺序将画面装订成一本小书。快速翻看，就会得到看动画的效果。

科学小知识

物体在快速运动时，当人眼所看到的影像消失后，人眼仍能继续保留其影像0.1～0.4秒，这种现象被称为视觉暂留现象，这

样前后所看到的影像就连接起来,好像中间没有任何停顿一样。电影就是利用这种原理制作而成。

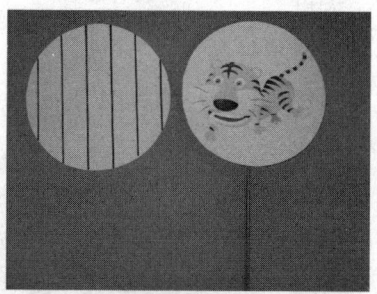

老虎进笼图

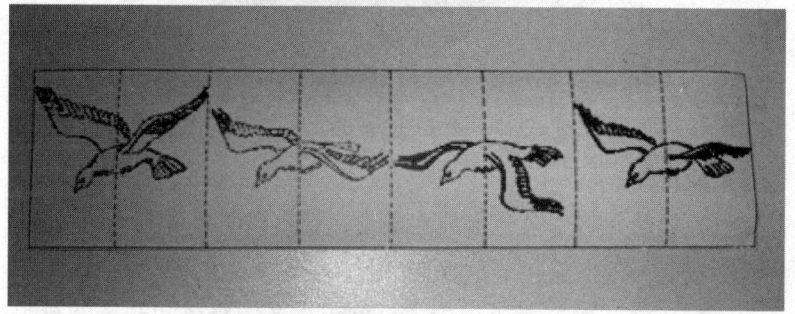

鸟儿飞翔图1

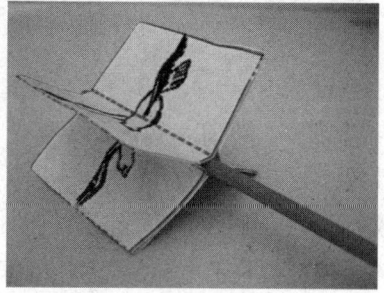

鸟儿飞翔图2

活动 97 会变色的光

适合班级： 中、大班
材料准备： 各种透明塑料色卡、手电筒
制作方法： 成品（见"会变色的光图"）

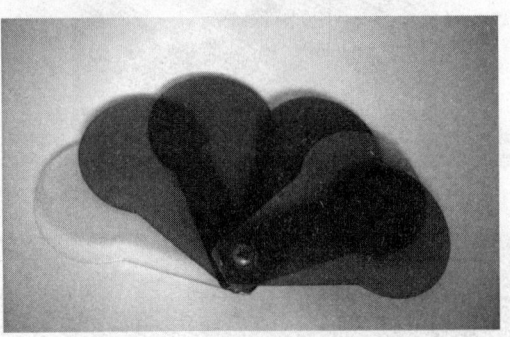

会变色的光图

实验操作：

（1）让幼儿将单色色卡放在眼前，观察周围环境颜色的变化。将两个或两个以上的色卡重叠在一起，观察颜色的变化。

（2）让幼儿取三个手电筒，分别用红色、绿色和蓝色的色卡遮住，在黑暗处，让三柱光束相互叠加，便会发现色光混合现象。

或者

让幼儿人手一个手电筒，分别用彩色色卡遮住，在黑暗处，让手电筒按一定规律闪亮，如红、黄、蓝、绿依次闪亮，能制造出简易霓虹灯的效果。

教师指导建议：

● 提醒幼儿游戏时不要将手电筒的光直接照同伴的眼睛。
● 可以根据不同颜色排出图案来，指导幼儿有规律地闪亮，增加游戏的趣味性。

拓展与替代：

◆ 指导幼儿进行颜料的三原色对比实验。
◆ 可以在手电筒上蒙上一层或多层不同颜色的纱布，观察光颜

色的变化。

◆ 家长可以带幼儿在晚上观察霓虹灯，注意光的变化。

科学小知识

人的眼睛是根据所看见的光的波长来识别颜色的。光谱中的大部分颜色可以由三种基本色光按不同的比例混合而成，这三种基本色光的颜色就是红、绿、蓝三原色光。这三种光以相同的比例混合、且达到一定的强度，就呈现白色；若三种光的强度均为零，就是黑色，这就是加色法原理，加色法原理被广泛应用于电视机、监视器等产品中。

活动98 小孔成像

适合班级：中、大班

材料准备：大小纸盒各一个、保鲜膜、黑色纸、彩色包装纸、透明胶带

制作方法：

（1）先把小盒开口的一端完全剪开，然后用塑料薄膜蒙在开口上，并用透明胶带固定住，尽量使它平整。（见"小孔成像图1"）

（2）在与小纸盒塑料薄膜屏幕相对的另一端正中央，用针扎一个小孔。（见"小孔成像图2"）

（3）把大纸盒的一端剪成完全开放状态，在另一端剪出一个比小纸盒略宽、略长的长方形口，然后把小纸盒带塑料薄膜一端的部分通过这个长方形口塞进大纸盒里，然后用黑色纸和透明胶带把大、小纸盒连接处透光的缝隙全部封死。（见"小孔成像图3、4"）

（4）用彩色包装纸装饰一下，一个小孔成像的演示实验装置就完成了。

实验操作：

点燃一支蜡烛，把该装置放在蜡烛前方，小孔对准蜡烛火焰，从大纸盒的开口端往里瞧，小纸盒塑料薄膜屏幕上就会出现清晰的蜡烛火焰的倒像。

教师指导建议：

- 指导幼儿在光线暗的环境里观察效果会更佳。
- 移动蜡烛距小孔的距离，让幼儿观察火焰成像的大小与距离的关系。
- 提醒幼儿不要被蜡烛灼伤。

拓展与替代：

让幼儿观察生活中哪些地方利用了小孔成像的原理。

科学小知识

蜡烛发出的光沿直线通过小孔，烛焰上端发出的光照在塑料

膜的下端，烛焰下端发出的光照在塑料膜的上端，所以在塑料膜屏幕上形成一个倒立的像，这也正好说明了光是沿直线传播的。烛焰所成像的大小与烛焰距离小孔的远近有关，距离小孔越近，所成的像越大；距离小孔越远，所成的像越小。

小孔成像图 1

小孔成像图 2

小孔成像图 3

小孔成像图 4

主题七 宇宙探索

活动 99 宇宙概貌

适合班级：中、大班
材料准备：有关星象的图片
制作方法：成品
实验操作：
张贴图片，请幼儿观察。（见"宇宙概貌图1、2"）
教师指导建议：
结合图片资料，向幼儿介绍简单的宇宙知识，让幼儿了解宇宙的概貌。
拓展与替代：
搜集有关图片或视频资料，供幼儿阅读和观赏，丰富相关知识经验。

宇宙概貌图 1

宇宙概貌图 2

科学小知识

中国古代哲学著作《尸子》解释说:"上下四方曰宇,往古来今曰宙。"宇是空间,宙是时间。宇宙是时间、空间和万事万物的总称,时间上无始无终,空间上无边无界,都是无限的。人类在漫长的岁月中,一直通过各种方式探索宇宙的奥秘。直到20世纪60年代,依靠现代空间技术,人类才对宇宙空间有了比较清楚的认识。宇宙由不同形态的物质组成,我们把这些物质统称为天体。其中星云和恒星是宇宙中的基本天体,是构成宇宙的主要物质形态。

活动100 八大行星

适合班级：中、大班

材料准备：八大行星的模型、八大行星位置示意图

制作方法：

(1) 绘制八大行星位置示意图（见"八大行星图1"）

(2) 提供八大行星的模型（见"八大行星图2"）

实验操作：

引导幼儿根据提示将八大行星模型放在相应的位置示意图上，简单了解八大行星的位置关系。

教师指导建议：

● 帮助幼儿初步了解太阳系八大行星的名称和位置关系，重点让幼儿了解地球在太阳系中的位置对于地球的重要性。

● 指导幼儿简单了解多个行星的外貌特征并知道其名称。

拓展与替代：

提供相关的视频或图片供幼儿阅读欣赏。

科学小知识

太阳系"九大行星"是历史上流行的一种说法，即水星、金星、地球、火星、木星、土星、天王星、海王星和冥王星。在2006年8月24日于布拉格举行的第26届国际天文联会通过的第5号决议中，冥王星被划为矮行星，并命名为小行星134340号，从太阳系九大行星中被除名，所以现在太阳系只有八颗行星。

八大行星图1

八大行星图2

活动 101 宇宙探索

适合班级：中、大班

材料准备：有关宇宙飞船、人类探月、宇航员等图片或影像资料

制作方法：成品（见"宇宙探索图1、2"）

实验操作：

张贴图片，请幼儿观察，相互交流。

教师指导建议：

向幼儿简单介绍宇宙飞船、人类探月和宇航员的知识。

拓展与替代：

◆ 组织幼儿利用报纸等材料制作宇航服。（见"宇宙探索图3、4"）

◆ 提供相关的图书供幼儿欣赏。

宇宙探索图1

宇宙探索图2

宇宙探索图3

宇宙探索图4

科学小知识

1970年4月24日,中国第一颗人造地球卫星从酒泉卫星发射中心升空,在太空昼夜不停地向全球播放"东方红"乐曲和遥测信号,向全世界宣布其已进入宇宙空间。

第一个在太空展示五星红旗的中国航天员是杨利伟。2003年10月15日,杨利伟乘"神舟五号"遨游太空,并在飞行中展示五星红旗。

"神舟七号"是中国人的第七个航天脚印。2008年9月27日16时43分,当中国航天员翟志刚从"神舟七号"飞船轨道舱迈向太空的一刹那,中国航天史上的又一个里程碑就此诞生。

活动 102　认识地球

适合班级：中、大班

材料准备：地球仪、地球宇宙图、地球内部构造模型

制作方法：成品（见"认识地球图1、2、3"）

实验操作：让幼儿通过观察、操作，了解有关地球的简单知识。

教师指导建议：

- 引导幼儿观察地球内部构造模型，初步了解地球内部的结构。
- 引导幼儿观察地球宇宙图，了解地球在太阳系中的位置以及地球的卫星——月球。
- 指导幼儿自由转动地球仪，简单了解地球表面的知识，寻找中国在地球仪上的位置。

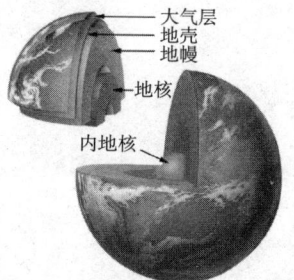

认识地球图 1

认识地球图 2

认识地球图 3

拓展与替代：

提供地球拼图，供幼儿操作。

科学小知识

人类生活的地球是宇宙中的一个天体，是太阳系由内到外的第三颗行星，其形状为不规则的旋转椭球体，年龄约40亿~50亿年。此外，它还有一颗天然卫星——月球，在绕着它旋转。地球的平均半径为6370千米，地球的内部结构由内到外依次是地核、地幔和地壳，其中地壳的平均厚度是33千米，地幔的平均厚度是2800多千米。地球表面约71%是海洋（在地球宇宙图或地球仪上的蓝色区域），29%为陆地。陆地分为七大洲：亚洲、非洲、北美洲、南美洲、欧洲、大洋洲和南极洲；海洋则包括太平洋、大西洋、印度洋和北冰洋4个大洋及附属海域。

活动 103　昼夜更替

适合班级：中、大班

材料准备：地球仪一个、手电筒一把、中国与外国儿童图片各一张（见"昼夜更替图1"）

制作方法：

把中国小朋友的图片贴在地球仪上中国所在的位置，在地球仪的另一侧与中国相对的位置贴上外国小朋友的照片。

实验操作：

（1）用手电筒代表太阳，保持不动，照射中国小朋友的图片，让幼儿看看外国小朋友那边是白天还是黑夜。

（2）转动地球仪代表一天时间的变化，看看中国小朋友什么时候是黑夜。（见"昼夜更替图2"）

教师指导建议：

● 帮助幼儿初步了解地球上昼夜更替现象。（见"昼夜更替图3"）

● 家园合作，共同丰富幼儿有关白天与黑夜的经验。

昼夜更替图1

昼夜更替图2

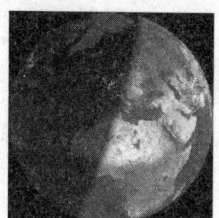
昼夜更替图3

拓展与替代：

搜集相关视频或图片，丰富幼儿的有关知识和经验。

科学小知识

地球自转产生昼夜更替，地球公转产生四季变化。由于地球是一个不发光又不透明的星球，而同一时间太阳又只能照亮半个地球，太阳照着的一面就是白天，照不着的一面就是黑夜。地球不停地绕着自转轴由西向东旋转，地球自转一周，相当于太阳从东升起、落下、再升起，也是我们日常的一天。

地球在自转的同时还在不停地绕着太阳公转，太阳公转的方向也是自西向东。地球的公转周期为一年，天文学上时长为365日5小时48分46秒。地球公转轨道（黄道平面）与地球的自转平面（赤道平面）之间的夹角为黄赤夹角，角度是23度26分，其结果就造成了太阳直射点以一年为周期在地球的南北回归线之间移动，形成了温带地区（比如我们国家）的四季更替。

活动 104　月相变化

适合班级：中、大班
材料准备：月相图片、月相演示卡
制作方法：成品（见"月相变化图 1、2、3"）
实验操作：
慢慢旋转演示卡，让幼儿观察月相的变化。
教师指导建议：
- 指导幼儿操作演示卡，简单了解月相变化的原因。
- 指导幼儿操作演示卡，简单了解月相的变化顺序：新月（农历初一日，即朔日）——娥眉月（农历初二夜左右至初七日左右）——上弦月（农历初八左右）——渐盈凸月（农历初九至农历十四左右）——满月（望日，农历十五日夜或十六日左右）——渐亏凸月（农历十六至农历二十三

月相变化图 1

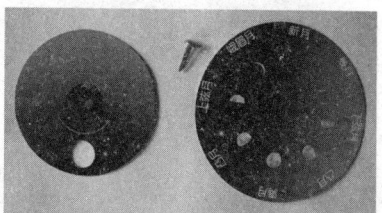

月相变化图 2

月相变化图 3

左右）——下弦月（农历二十三左右）——残月（农历二十四左右至月末）

拓展与替代：
在日常生活中提示家长和幼儿共同观察一个月中月相的变化。

科学小知识、

月相，是天文学中对于地球上看到的月球被太阳照亮部分的称呼。每天，随着月亮在星空中自西向东移动，月相也在变化着。月球绕地球运动，使太阳、地球、月球三者的相对位置在一个月中有规律地变动。由于月球本身不发光，在太阳光照射下，向着太阳的半个球面是亮区，另半个球面是暗区。随着月亮相对于地球和太阳的位置变化，就使它被太阳照亮的一面有时面向地球，有时背向地球；有时面向地球的月亮部分大一些，有时小一些，这样就出现了不同的月相。因此，月相不是因为地球遮住太阳造成的（这是月食），而是由于我们只能看到月球上被太阳照到发光的那一部分所造成的，其阴影部分是月球自己的阴暗面。

活动 105　天文望远镜

适合班级：中、大班
材料准备：天文望远镜、天文台图片
制作方法：成品（见"天文台图1、2，天文望远镜图1、2"）
实验操作：
指导幼儿使用天文望远镜进行观测活动。

天文台图1

天文台图2

天文望远镜图1

天文望远镜图2

教师指导建议：
- 指导幼儿进行观测活动，尝试用天文望远镜观测较远的宇宙星系。
- 为幼儿调整好望远镜的观测角度。
- 向幼儿简单介绍天文台的作用。

拓展与替代：
有条件的幼儿园带领幼儿到天文台参观。

科学小知识

天文台是用来进行天象观测和天文学研究的，世界各国天文台大多设在山上。每个天文台都拥有一些观测天象的仪器设备，主要是天文望远镜。天文望远镜是观测天体的重要仪器，可以毫不夸张地说，没有望远镜的诞生和发展，就没有现代天文学。随着望远镜在各方面性能的改进和提高，天文学也正经历着巨大的飞跃，迅速推进着人类对宇宙的认识。

活动 106 三球仪

适合班级：中、大班

材料准备：三球仪

制作方法：成品（见"三球仪图"）

实验操作：

指导幼儿自由操作三球仪。

教师指导建议：

指导幼儿进行观察和操作活动，感知太阳、地球、月亮三者间的关系。

三球仪图

拓展与替代：

搜集相关视频和图片资料，丰富幼儿的知识经验。

科学小知识

太阳是恒星，地球是围绕它转的一颗行星，而月球是地球唯一的卫星。三球仪由代表太阳、地球和月球的三个小球组成，并有机械联动装置，用以演示三球关系和由此产生的一些天文现象。为了模仿自然界的真实情况，中间的太阳一般采用发光的灯泡，以照亮地球和月球。地球倾斜地在轨道上绕太阳旋转，月球绕地球的轨道和地球绕太阳的轨道相交成一个角度。这样就可以演示日食和月食、月球的盈亏、地球的自转和公转、昼夜和四季的交替等现象。

主题八 四大发明

活动 107 小小指南针

适合班级： 小、中班
材料准备： 指南针、磁铁
制作方法： 成品（见"小小指南针图"）

小小指南针图

实验操作：
将指南针摆放在平整的桌面上，当指针静止后，看看所指方向（指向南北）。

教师指导建议：
- 引导幼儿将指南针放在与地面平行的平面上。
- 提醒幼儿玩指南针时，不要让指南针之间离得太近，否则小磁针会相互影响。
- 指南针的一极指向南偏东的方向属于正常，因为地球的磁极并不与地理南北极重合。

拓展与代替：
引导幼儿用磁铁靠近指南针，会发现指南针不再指南而是

指向磁铁。因为这时磁铁产生的磁场强度远大于地球磁场产生的强度。

科学小知识

指南针是用以判别方位的一种简单仪器，它的主要组成部分是一根装在轴上可以自由转动的磁针。地球是个大磁体，指南针在地球的磁场中受磁场力的作用，所以会一端指南一端指北。但指南针指的方向也不是正南方，因为地磁两极与地理两极是有一定偏差的。最早的指南针称为司南，一般认为出现在战国时代。公元11世纪，人们发明了真正的指南针，它被广泛地运用到军事、生产、生活特别是航海上。明朝时，郑和下西洋就是凭借指南针指示方向才完成了这次伟大的航海旅行。

活动 108　神奇造纸术

适合班级： 大班

材料准备： 废旧纸张、水、胶水、橡胶手套、塑料板、纱网、木棒

制作方法：

(1) 将废旧纸张泡湿后撕碎，越小越好，然后再放在适量的水中浸泡。(见"神奇的造纸术图1")

(2) 让幼儿带上橡胶手套将泡好的纸抓碎，加入胶水并用木棒搅拌均匀。(见"神奇的造纸术图2")

(3) 把做好的纸浆放在纱网上脱水，然后均匀平摊在塑料板上压平晾干。(见"神奇的造纸术图3")

实验操作：

让幼儿感受自己造纸的乐趣，并在晒干的纸上写写画画。(见"神奇的造纸术图4")

神奇的造纸术图1

神奇的造纸术图2

神奇的造纸术图3

神奇的造纸术图4

教师指导建议：

● 提醒幼儿较薄的纸尽量用手撕，不要用机器，以免破坏纸的植物纤维，且撕得越碎越好。

● 纸泡好后，水如果太多，提醒幼儿应在加入胶水前将多余的水滤出。

● 晒纸浆时，提示幼儿晒得越薄越均匀越好。

拓展与代替：

较稠的纸浆可以制成较厚的纸板，或利用一些模具压制成各种形状，如面具等。

科学小知识

纸是用以书写、印刷、绘画或包装等的片状纤维制品。一般由经过制浆处理的植物纤维的水悬浮液，在纱网上交错组合，初步脱水，再经压缩、烘干而成。中国是世界上最早发明纸的国家。在很早的时候，我们的祖先是在龟甲和兽骨上刻字，后来又在竹简上写字，但是这些东西都很笨重。再后来也有在丝绸上写的，虽然轻便了许多，却很昂贵。大约2000年前，东汉的蔡伦发明了用树皮、破布等常见或废旧物品造的纸，非常适合书写，慢慢地就传遍了全世界。

活动109　我来学印刷

适合班级： 大班

材料准备： 陶泥或者硬橡皮泥、牙签、颜料、刷子、白板纸

制作方法：

（1）把陶泥捏成常见印章的形状，如长方体或圆柱体，将准备刻字的一面切平，用牙签在上面分别写上想印的字的正字和反字。（见"我来学印刷图1"）

（2）引导幼儿根据自己需要的数目，照上面步骤再制作几个同样的印章，分别写上想印的字。（见"我来学印刷图2"）

实验操作：

（1）印章制作好后，指导幼儿用刷子蘸颜料分别刷上自己喜欢的颜色。（见"我来学印刷图3"）

（2）让幼儿先用写有正字的印章印字，再用写有反字的印章印字，比较印制的效果是否相同。

（3）提供白板纸，让幼儿按自己的意愿进行排列并印刷。

教师指导建议：

● 帮助幼儿在一张透明度较好的薄纸上写上字，反过来看就是反字。

● 提醒幼儿用牙签写完字后要剔除笔画上多余的泥，使字痕显得稍宽并且清晰。

● 鼓励幼儿尝试用已有的字样摆出不同的句子，如"我爱幼儿园"，还可摆成"幼儿园爱我"、"幼儿爱我园"等，来体会活字印刷的方便。

拓展与替代：

◆ 教师可以带领幼儿观看凸型印章，让他们了解、对比凹凸两种印刷的不同效果。

◆ 提供材料，让幼儿自由刻印自己喜欢的简单图案。

◆ 搜集有关印刷术发展的文字与影像资料，让幼儿了解印刷

术的发展过程。

科学小知识

古代的印刷方法很死板,印一本书需要刻制所有版面,非常耗时。一旦错一个字,整页都要重新刻制,比较麻烦,而且一本书的模板用完后基本就没用了,很浪费。后来,北宋一个叫毕昇的人发明了活字印刷,他把一个版面的每个字都单独制出来,需要哪个放哪个,省劲了许多。后来,人们又经过用泥活字、木活字、铜活字、铅字、油印印刷而进入现代化的发展阶段。印刷的种类一般包括凸版印刷、平版印刷、凹版印刷和孔版印刷五种。

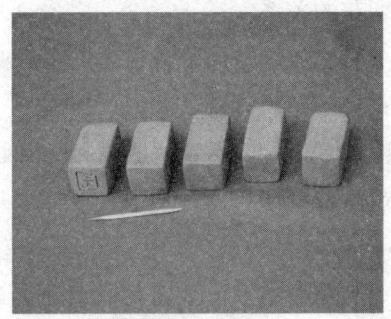

我来学印刷图1

我来学印刷图2

我来学印刷图3

活动110 节日烟花

适合班级：小、中、大班

材料准备：图片、视频

制作方法：收集有关节日烟花的资料。

实验操作：

让幼儿观看节日烟花的视频或图片，感受其美丽壮观和奇特。

教师指导建议：

- 结合视频或图片资料，向幼儿介绍简单的火药知识，并了解火药与烟花的关系。
- 提醒幼儿节日燃放烟花爆竹时注意安全，必须有成人保护。

拓展与替代：

◆ 搜集有关图片，供幼儿阅读，丰富相关知识经验。

◆ 可让幼儿观察节日烟花，并画下来。

科学小知识

烟花主要是由火药制成的。火药是我国伟大的四大发明之一。它的成分是硫磺、硝石、木炭，它的发明源于炼丹术中的意外爆炸。火药的配方由炼丹家传到军事家手中，因为它具有强大的杀伤力而被广泛地运用到了军事上，火药在战场上的出现使战争从冷兵器时代过渡到了火器时代。我们看到的烟花除了爆炸之外，还可以发出各种绚丽的光芒，是因为其中掺杂了一些可以在高温下发光的金属。

主题九 植物

活动 111 各种各样的种子

适合班级：小、中、大班

材料准备：黄豆、红豆、绿豆、蚕豆、玉米、瓜子等各种各样的种子若干，与豆子种类数量相同的透明塑料袋和名称标签若干。

制作方法：分别把每种种子装在一个小塑料中，并贴上相应的名称标签。（见"各种各样的种子图"）

实验操作：

（1）请幼儿通过观察、触摸认识各种各样的种子，知道它们的名称。

（2）请幼儿分别按颜色、大小、形状等对种子进行分类。

（3）玩给种子排队游戏：每个幼儿10粒种子（种类不同），请他们按教师的要求对种子进行排队。

教师指导建议：

● 引导幼儿观察并说出种子的外形特征。

● 分类可以是一级分类，也可以是多级分类。

● 教师可以给幼儿提供不同的种子排队方法，如从大到小、从小到大、一红一黄、两红一绿等，以培养幼儿的观察力、辨别力及逻辑思维能力。

拓展与替代：

◆ 可以将种子盛在透明的小玻璃瓶中，然后在教室中布置各种各样的种子展览，便于幼儿观察。

◆ 通过图书、视频资料，让幼儿了解更多植物、种子和生长状况。

科学小知识

种子的颜色各种各样：白色的、黄色的、绿色的、紫色的……种子的形状也是各种各样的：圆形的、椭圆形的、扁的……种子的大小也各不相同：有大的、小的。总之，种子是各种各样的。

种子是种子植物的胚珠经受精后长成的，一般由种皮、胚和胚乳三部分构成。种皮对胚起保护作用；胚是新植物的幼体，是种子的主要部分；胚乳是种子贮藏营养物质的地方，供种子萌发时胚的生长之用。

各种各样的种子图

活动 112　种子发芽

适合班级： 中、大班
材料准备： 黄豆、碗、能漏水的筐、水、纱布、土、花盆
制作方法： 成品
实验操作：

（1）将豆子完全浸泡在盛有温水的碗中约 2～3 个小时，等它变大。

（2）在筐中铺一层纱布，将泡好的豆子放在上面，然后用纱布盖住。

（3）把筐放在碗上，并每天给豆子洒水，水不要太多，保持清洁，过几天豆子就能发出小芽了。（见"种子发芽图 1"）

或者

（1）将泡好的豆子种在花盆中的泥土中。

（2）浇水保持土壤湿润，如果温度适宜，2～3 天豆子就会发芽。（见"种子发芽图 2"）

种子发芽图 1

种子发芽图 2

教师指导建议：

- 提醒幼儿要经常给种子换水，一天至少两次。
- 提醒幼儿掌握好水温，定时浇水。
- 要求幼儿观察时做好记录，看是在水里的种子发芽快，还是在土里的种子发芽快。

- 为了保证发芽率,提供给幼儿的黄豆要选新鲜的、饱满的。

拓展与替代:

◆ 可以用土豆或其他种子代替黄豆种子进行观察。

◆ 把种子分别放在三个瓶子中:一个瓶子中无水、一个瓶子中的水漫过种子、一个瓶子中的水量适宜,对比观察哪种情况下种子会发芽。

科学小知识

种子发芽,除了种子本身胚胎需正常外,还需要一定的外部环境条件:水分、温度和氧气。水分是种子发芽必不可少的条件,有了水分,种子储藏的养分才能水解产生作用,细胞也才能膨胀生长。种子开始活动就要进行呼吸,这就需要氧气。如果把种子完全泡在水里会腐烂,因为种子呼吸不到氧气。种子发芽温度要适宜,一般而言,温带植物需要15~20度,亚热带和热带植物需要25~30度。种子发芽过程分为三个阶段,即吸水膨胀、萌发和出苗。

活动113 会变色的花

适合班级： 小、中、大班

材料准备： 两枝浅色带茎的花，相同的透明瓶两个，蓝色墨水。

制作方法： 成品

实验操作：

（1）将两个透明瓶内注入相同多的水，其中一个滴入几滴蓝色墨水。（见会"变色的花图1"）

（2）将两支花分别放入透明瓶内，几天后观察花朵颜色的变化。（见"会变色的花图2"）

教师指导建议：

● 提供给幼儿的花朵颜色尽量是浅色的。

● 注意引导幼儿每天观察茎及花朵的变化，并做好记录。

拓展与替代：

可在自然角用芹菜、香菜等易观察的植物做实验，引导幼儿观察并记录。

科学小知识

茎是植物的营养器官之一，具有支撑植物、运输水分和养料的作用。植物的茎能从下至上地将根吸收的水分和养料运输到植物的各个部分。花瓶中的花朵会变色正是因为茎输导蓝色墨水的原因。

会变色的花图1

会变色的花图2

活动 114　喜欢水的根

适合班级：中、大班
材料准备：大蒜、水盆、平盘、水、纱布、带网眼的小盆
制作方法：成品
实验操作：

（1）将大蒜泡在水中，直到它的根长出 1～2 厘米。

（2）在水盆中盛满 2/3 的水，把带网眼的小盆放在水盆上（要与水面有一定的距离），再把长出根的蒜放在上面，虽然大蒜的根没有直接接触到水，但是由于根具有向水性，所以大蒜的根会向着水源不断生长。（见"喜欢水的根图"）。

喜欢水的根图

教师指导建议：

教师应提醒幼儿坚持每日进行观察，并记录实验过程。

拓展与替代：

◆ 可以用豆子等植物种子进行同类实验，让幼儿观察并记录。
◆ 有条件的幼儿园可以组织幼儿进行水培植物实验。

科学小知识

植物的根具有向水性的特点。根从土壤中获得水分从而不断生长。当土壤中的水分分布不均匀时，根会向土壤中有水的方向生长，即我们通过实验看到的蒜苗根向水生长的过程。

活动 115 苗苗与阳光

适合班级： 中、大班

材料准备： 废旧的大饮料瓶 3 个、小饮料瓶若干、黑布、新鲜饱满的黄豆种子若干、土

制作方法： 成品

实验操作：

（1）把 3 个大饮料瓶从中间剪开，做成大玻璃杯状，然后指导幼儿分别在 3 个饮料瓶中种上黄豆的种子。（见"苗苗与阳光图 1"）

（2）把其中一个大饮料瓶从侧面剪出一个圆口，小饮料瓶从圆口插入，形成一个相通的出口，并把大饮料瓶的瓶身土壤以上部分用黑布遮住。（见"苗苗与阳光图 2"）

（3）在最后一个大饮料瓶的两侧分别剪出两个圆口，然后把小饮料瓶插入，形成两个出口，并把大饮料瓶瓶口用黑布遮住。（见"苗苗与阳光图 3"）

教师指导建议：

- 引导幼儿关注并管理植物的生长，指导幼儿观察记录植物的生长状况。
- 引导幼儿观察种子发芽后，每个瓶子中植物的生长方向有什么不同。（见"苗苗与阳光图 4"）
- 指导幼儿观察比较几个瓶中植物的生长，初步了解阳光与植物生长之间的关系及植物生长具有向光性的特点。

拓展与替代：

可以将蚕豆、白菜、小麦等植物的种子种在形状不同的废旧弯管中，观察种子会从哪儿长出来，并组织幼儿观察种子发芽后的生长情况。

科学小知识

植物的生长离不开太阳。在阳光的照射下，植物进行光合作用，将吸收的二氧化碳和水转化成有机物储存能量，并释放出氧气，这是整个生物链赖以生存的关键。植物具有向光性,哪里有阳光,它就朝哪里生长,它会把生长素运输到背光面,使背光部分迅速生长。这样,植物就会向有阳光的方向弯曲了。

苗苗与阳光图1

苗苗与阳光图3

苗苗与阳光图2

苗苗与阳光图4

活动 116　光合作用

适合班级：小、中、大班
材料准备：绿色叶子植物、黑色塑料袋
制作方法：成品
实验操作：

(1) 将植物的部分枝叶用黑色塑料袋包裹好，阻断阳光照射。（见"光合作用图1"）

(2) 2～3周后，让幼儿观察被包裹的植物枝叶，发现它们由于没有得到阳光照射，叶子变黄了。（见"光合作用图2"）

教师指导建议：

- 指导幼儿在用塑料袋包裹植物枝叶时可多包裹几层，以便能更好地阻断阳光对植物的照射。
- 在单个叶片上进行光合作用实验，不便于阻断阳光照射，短期内实验效果不好。

拓展与替代：

在种植区中进行光合作用对比实验。引导幼儿将阳光照射时间长、阳光照射时间短、阳光照射不到三种情况的植物生长情况进行比较、记录。

光合作用图1

光合作用图2

科学小知识

光合作用是植物、藻类和某些细菌利用叶绿素，在可见光的照射下，将二氧化碳和水转化为葡萄糖，并释放出氧气的过程。

在植物的叶子里，含有许多天然色素，如叶绿素、叶黄素、花青素和胡萝卜素等。在阳光照射下，叶绿素非常活跃，颜色较深，便把其他色素的颜色遮掩了。实验中，我们阻断了阳光的照射，叶绿素活动减弱，绿色渐浅，叶黄素显现了出来，所以植物的枝叶呈现出了黄色、浅绿色。

活动 117 叶子拓印画

适合班级： 中、大班

材料准备： 叶子、白纸、油画棒

制作方法： 成品

实验操作：

（1）为每个幼儿选一片干净、叶脉清晰的叶子夹在两张白纸中间，叶脉清晰的一面朝上。

（2）请幼儿拿油画棒进行拓印，将整个叶子的外形拓印出来。

教师指导建议：

- 指导幼儿拓印时沿着叶脉的纹络方向，这样会更清晰。
- 提醒幼儿可以用多种颜色进行拓印，这样就会形成一幅彩色的画面。

拓展与替代：

◆ 可以先在树叶的反面涂上漂亮的水粉，然后将染有颜色的叶子反面朝下印在白纸上，水粉拓印下叶子的外形，然后再进行添画。（见"叶子拓印画1、2"）

叶子拓印画1

叶子拓印画2

◆ 指导幼儿在白布、餐巾纸上挤压树叶、花瓣,将其汁液印染在纸或布上,以形成漂亮的画面。

◆ 也可以制作叶脉书签。选取具网状脉的植物叶片,用氢氧化钠等碱溶液加热煮沸,可以水解掉叶肉等部分,仅剩下网状脉,再利用过氧化氢的强氧化性将叶脉漂白,一件精美的叶脉书签便制作成功了。

科学小知识

每片树叶上都有不同形状的脉络,它比叶肉突起明显,而且比较坚韧。白纸覆盖在叶脉上,然后用蜡笔在白纸上来回涂色,叶子上的脉络立马凸显,立体感极强。叶片的叶肉部分容易腐烂降解,而叶脉非常坚韧,能构成各种形状,比如网状、扇形、弧形等结构,以支持叶片。